KB053806

노자와 에로스

노자와 에로스

초판 1쇄 발행 • 2016년 11월 29일

지은이 • 신철하
펴낸이 • 황규관

펴낸곳 • 도서출판 삶창
출판등록 • 2010년 11월 30일 제2010-000168호
주소 • 04149 서울시 마포구 대흥로 84-6, 302호
전화 • 02-848-3097
팩스 • 02-848-3094
홈페이지 • www.samchang.or.kr

종이 • 대현지류
인쇄제책 • 스크린그래픽

＊한국출판문화산업진흥원 2016년 우수출판콘텐츠 제작 지원 사업 선정작입니다.

에로스와 생명정치—도덕경 주석

노자와
에로스

신철하 지음

살림

■ 일러두기

_____「도덕경」 주석과 관련하여

*『도덕경(道德經)』을 표제가 은유하고 있는 함의에 맞춤하게 읽기 위해서는 『사랑의 파문 : 노자·아나키·꼬뮌』(삶창, 2016)을 짝패로 독서해야 함을 것을 권하고 싶다. 노자 주석을 위한 기획에서 에로스는 동시대와 세계를 해석하는 주제어로서 새로운 세기, 그러니까 분단체제 이후, 통일이행기를 관찰하고 응시하는 생명선이다. 그 생명의 흐름을 통해 우리는 거의 병영국가체제로 굳어져 가고 있는 듯한 현 단계 남·북의 정치적 현실을 직시할 수 있게 된다. 노자의 정치적 사유와 응시를 오늘의 분단체제에 이입하는 과정은 그러므로 조금 더 비정치적으로 정치적인, 언어의 이중구속적 자질을 요구한다. 데리다가 『그라마톨로지』에서 '차연'이라고 말한 그 언어, 들뢰즈가 '철학은 개념을 창안하고 만들어내는 예술'이라고 언명했을 때의 그 예술의 언어를 내면화할 필요가 있다. 노자 주석의 두 주제어가 에로스와 국가인 이유이다.

*『도덕경』을 읽기 위한 방법적 지혜를 탐색하기까지 시간과의 싸움이 있었다. '이중구속'은 리비도(무의식)가 아니라, 노자가 '미명(微明)'이나 '현묘(玄妙)'라 부른 그 언어에 방점이 있음을 간과하기까지 또 그만큼의 시간과의 싸움이 있었다. 그 싸움이 사랑의 그것이라는 것을 감지했을 때의 전율은 두 '사건'의 그것보다 더 긴 시간을 넘어서고 있었다. 사랑은 미묘한 편차를 내재한 채 생명의 흐름 속에 있다는 것을 내면화한 이후, 정치적 프레임으로서의 국가(주의)가 보였다. 이중구속된 언어의 비밀

을 한 겹 벗겼을 때 드러난 속살의 내밀함은 근본적으로 정치의 메커니즘을 둘러싼 국가의 운용에 관한 것이라고 말할 수 있다. 그 정치적 운용이 생물과 같아서 명문화하기가 곤혹스러움을 노자의 언어들은 은유한다. 그 은유의 언어가 살아 숨쉬는 묘령의 여인처럼 황홀함으로 피어난다. 생명의 언어인 이유이다. 그 생명을 구체화하는 과정을 퍼포먼스함으로써 더 나은 삶을 향한 부단한 경주를 노자는 어떤 '질료의 흐름'(들뢰즈) 속에서 지속적으로 전개한다. 아마도 '내 안의 혁명'으로부터 우리의 그것으로, 마침내 세계를 향한 패러다임의 전회를 위한 숙주가 되어줄 것을 그 언어는 주문하고 있는 것처럼 보인다.

*『도덕경』 강독에 비교적 번다하게 활용한 문헌은 왕필(『老子注』, 四庫全書, 臺北, 商務印書館)과 왕필/임채우(『왕필의 노자주』, 한길사), 김학주(『老子』, 明文堂), 오강남(『도덕경』, 현암사), 박세당(『新注 道德經』, 太學社)이었다. 최진석의 『노자의 목소리로 듣는 도덕경』은 그의 지적대로 노자 시대에 대한 정확한 복원이 필요하다는 견해에 대한 동의로, 그러나 그 복원이 사실 이상으로 미묘하고 복잡화할 수 있다는 맥락의 모티브로서도 적절한 정보가 되어주었다. 특히 박세당의 텍스트는 조선에서의 노자 수용이 얼마나 완고한 것인지를 확인하는 충분한 증거가 되기에 부족함이 없었다. 미시적 접근에서 조금씩 차이를 보이는 경우가 있을 수 있겠으나, 시간의 허락과 조선 지식인들에 대한 스펙트럼의 넓이를 상상하기 어렵지 않아 다른 몇 텍스트로 더 나아가 보지

는 않았다. 반면 왕필과 초횡(焦竑, 『老子翼』, 臺北, 廣文書局)의 주석에서 최 교수의 회의와 시대적 간극에 대한 갭을 극복할 수 없을지 모른다는 선험적 전제에도 불구하고, 그 한계까지를 감싸안을 만한 가능한 기대 이상의 힌트를 얻었음을 부기한다. 왕필의 '시대정신'에 대한 깊이있는 언어적 구축과 해석의 말랑말랑함에서 오는 감각의 확장은 '프로이트로 돌아가자'라고 외치며 그를 전복시켰던 라깡의 언어적 환영과 겹쳐지는 듯한 착각을 불러일으키며, 다시 프로이트와 라깡의 오이디푸스론이 화려한 수사와 호기심 가득한 전혀 다른 세계를 구축했음에도 불구하고, 궁극적으로는 자본(주의)에 복무하는 가족이데올로기로의 환원이라는, 체제담론적 한계에 관한 들뢰즈/가타리의 비판적 언술과도 포스트담론 이상으로 호응하는 것처럼 보인다. 그 인식의 관계성, 나아가 남·북한 체제가 안고 있는 병영형 국가주의와, 특히 남한체제가 병영형 국가주의 속에 포획하고 있는 신자본주의에 내재된 척박한 삶의 지평에 대한 대안 사유와, 그것을 해석하기 위한 언어를 기획하는 과정에 노자의 언어, 왕필의 노자 인식 방법이 몇 주요한 단서를 열어주었다는 생각을 지울 수 없다. 노자를 하나의 주제로 수렴하기까지 실질적으로 접했던 문건은 더 많아 일일이 기억하기조차 힘들다. 그러나 그 문자의 혼이 살아나 아우성친다 해도 궁극적으로 노자를 향한 새로운 언어의 획득과 그 언어와의 싸움을 위한 시적 대화는 고스란히 저자의 몫이라는 것을 기억하고자 한다.

한문에 대한 향수가 내포하고 있는 이 땅의 지적 뿌리는 깊고 넓다. 아마도 노자라는 코드도 예외가 되기는 어려울 것이다. 이 자문 앞에 경직된 마음의 숨결을 느끼지 않을 수 없다. 그럼에도 다시 한 번 부연하면, 노자를 시적 언어로 환원하려는 기획은 주석과 함께 그 주석을 서사화하는 작업을 짝패로 읽어야 어떤 성취에 이를 수 있음을 강조하고 싶다. 그러니까 『도덕경』 주석은 필연적으로 『사랑의 파문』과의 맥락적 독서를 강제한다. 그 강제는 노자 사유의 모티브와 그것으로부터 질적 확산하는 정치적 무의식을 어떻게 우리 시대의 정치와 국가구조에 대입할 것인가의 고민과 조우하게 한다. 그 고민의 최종심급은 분단체제 이후, 그러니까 통일이행기의 현 단계를 어떻게 설명할 것인가에 관한 질문과 관계한다. 주지하듯이, 이 프레임 속에서 텍스트를 정독하기 위한 4개의 기획이 설계되었다. 그 첫 키워드가 노자의 담론을 시적 언어로 환원할 수 있는 감각의 함양이었다. 오늘날 이 땅에서 횡행하고 있는 인문(학)에 대한 열기는 명백히 반인문(학)적이다. 직언하여 인문(학)이란 무엇인가. 한마디로 그것은 시대적 언어를 통해 이루어지는 퍼포먼스, 혹은 학문수행이다. 언어에 대한 자의식은 인문주의자, 인문에 관해 발화하는 주체들이 습득해야 할 최초의 내면이다. 인문은 언어를 통해 실현되므로 인문에 관해 궁리하기 위해서는 그러므로 동시대 문학의 정독이 거의 필수이다. 문학의 도구는 언어이다. 아니 그 언어는 도구를 넘어서는 도구이다. 그 자체로 목적이 되는 것이다. 그렇기 때문일까 그 언어는 자의성이 강한 잉여, 혹은 결여의 언어로 떠돈다. 그러니까 우리가 일상에서 사용하는 어떤 언어이자 그것을 넘어서는 언어라는 것이다. 그 언어의 정수에 아마도 시가 있을 터이다. 시적 언어란 다시 말해 인문을 인문답게 하는 최종 심급의 언어인 셈이다. 날것의 언어, 생명의 언어, 여백의 언어, 잉여의 언어, 나아가 결여의 언어를 어떻게 재구축할 수 있을까. 무모할지도 모를 내면의 훈련과 감수성의 혁명이 필요한 이유이다. 인문을 공부하기 위해서는 그러므로 언어적 자의식과 감수성의 혁명을 필연적으로 요구하게 되어 있다. 노자의 언어적 콘텍스트를 읽는 일이 바로 시적 언어의 회복과 맞물려 있는 이유이다. 이와 함께 주목한 것은 노자 81장의 아포리아를 어떻게 해체하여 하나의 완결된 텍스트로 재구조화 할 것인가의 문제였다. 인문에서 놓치고 있는 언어적 결핍과 함께 지속적이며 광범위하게 노출되고 있는, 그래서 값싼 인문의 횡행을 반복하게 하는 요인 중 하나가 거칠고 낮은 수사학이다. 텍스트의 완성을 위한 기초는 글쓰기이며, 그 완성의 최종심급 또한 글쓰기로 수렴된다. 글쓰기의 핵심은 텍스트를 자신의 해석적 코드를 통해 하나의 서사로 완결하는 일에 있다. 하나의 토픽, 하나의 완성된 텍스트로 완결하는 능력이 수사학의 일차적 완성이며, 그것의 심미적 서술이 다음 단계의 구축이다. 이 과정은 궁극적으로 문화적 차원의 일과도 관계한다. 우리 문화의 척박성과 단순성이 글쓰기의 단순성, 해석의 관습성을 반복하게 한 요인이라 해도 과언은 아니다. 그러니까 노자 읽기에서 지루함을 느꼈다면 그것은 토막난 사유, 파편화된 수사의 결과일 가능성이 농후하다. 후기 프로이트의 임상사례보고에서 드러나는 놀라운 풍경은 그가 정신분석(학)을 인문적 차원으로 끌어올렸다는 점이다. 그의 많은 임상기록들은 뛰어난 에세이, 나아가 한편의 흥미진진한 서사로도 손색이 없다. 그 언어적 열망이 그를 더 나아가게 했다. 우리는 이를 인문적이라 말할 수 있다. 비극작가를 꿈꿨던 플라톤의 열망은 그의 정치적 집적물에서조차도 서사에 가까운 수사로 채색돼 있다. 레비스트로스와 들뢰즈의 가장 뛰어난 저작은 거의 한편의 드라마나 수사적 아포리아에 가까운 텍스트로 읽힌다. 노자를 재독해보고 싶다는 은밀한 욕망의 충동은, 부끄럽고 한편 위험한 일임에도 불구하고, 이 연장선상에서 일어난 것이다. 노자를 하나의 텍스트 하나의 근사한 형식이 되게 하기 위한 부단한 상상력의 작동이 필요했다. 세 번째는 노자를 생명의 흐름 속에서 응시하는 것이다. 그럴 때 에로스와 정치는 리좀적 회로를 통해 통합된 서사를 완성할 수 있다. 생물학적으로 뿐만 아니라 하나의 종교와 사상사적 물음으로서도 노자는 생명의 철학으로 수렴가능하다. 가령 노자 1장을 응시해보면 그것이 생명의 잠재성을 잉태한 언어라는 것을 직감하게 된다. 道/非道, 無名/有名의 대립쌍을 '현묘(玄妙)'로 수렴하는 과정에 돌출한 '중묘지문(衆妙之門)'은 언어의 이중구속성을 극적으로 압축하는 보기이다. 말하자면 대립은 그것을 초월하는 생명의 흐름이 전제되어 있기 때문에 가능한 것으로, 그 생명은 문(門)으로 상징되는 여성의 자궁을 통해 벡터적 에너지로 나아갈 수 있는 맹아를 잉태하고 있다. 그 모티브를 통해 우리는 2장에서 돌출한 '생이불유(生而不有)'를 주목할 수 있게 되는데, 생명을 전체적인 질서의 흐름 속에서 응시함으로써 노자의 언어는 궁극적으로 삶과 죽음을 하나의 커다란 원환의 질서 속에서 운동하는 생명의 흐름으로 이해하고자 하는 것처럼 보인다. 궁극적으로 노자 정독에서 지속적으로 그리고 명시적으로 강조하고 주목한 것은 에로스와 정치(國家)다. 에로스를 이해하는 스펙트럼은 넓고 깊다. 사랑은 분단체제 이후를 기획하고 설계하며 전개해나가기 위한 연속 주제의 뼈대를 이룬다. 통일이행기를 넘어서기 위한 모티브인 셈이다. 이에 대한 체계적인 전개는 앞서 인용한 『사랑의 파문 : 노자, 아나키, 꼬뮌』 I ~IV장을 통해 면밀하게 감상할 수 있을 터이다. 대체로 I 장은 플라톤과 노자의 에로스에 대한 비교와 분석을 통해 그리고 홍상수의 한편의 필름이 기술하고 있는 시간의 분절과 미적 시간의 재구성을 통해, 그 재구성이 들뢰즈의 잠재성을 어떻게 퍼포먼스하고 있는지를 경험하는 과정을 통해, 마침내 3개의 텍스트가 수행하는 인문적 실천으로서의 에로스와 정치의 역동적인 관계를 읽을 수 있을 것이다. II 장은 도와 언어의 은유로서의 이중구속을 집중적으로 다루었다. 그 수행 과정이 한국의 현재와 가까운 미래를 말하기 위한 것임은 췌언을 요하지 않는다. III장은 여기서 더 나아가 분단체제 이후를 넘어서기 위한 정치적 변화, 나아가 새로운 국가의 프레임에 대한 하이퍼시스를 기획하는 과정을 점묘하고 있다. 이 모든 논의를 포괄하는 키워드는 노자다. 『도덕경』이 이 과정의 흐름에서 『논어』보다 더 정치적이며, 정치에 임하는 태도에 관한 교과서의 기능을 할 수도 있다는 암시는 텍스트 주석의 곳곳에 숨 쉬고 있다. 따라서 정치와 국가에 대한 '은밀한' 관심은 본문에서 다양하게 개진하고 있기 때문에 여기서는 생략하며 징을 달리히어 전개되는 "노자와 에로스—노자 정치학의 기원과 향유"의 미시적 해석을 음미하거나 들여다볼 것을 권하고 싶다. 그 대신, 우선 노자에 전혀 다른 시각으로 입문하기 위한 몇 단상을 첨언한다.

노자 언술의 키워드가 에로스라는 것을 읽기 위해서는 81장 전체를 하나의 완결된 텍스트로 해체—재구조화하는 하이퍼시스가 필요함을 주문했는데, 이 과정을 거쳐야 우리는 노자의 에로스에 대한 전체적 통찰을 음미할 수 있다. 가령, 에로스의 모티브는 1장에서 맹아하여 6장에서 완성된 원론으로 작동하며, 이를 준거로 10장, 55장에 이르게 되면 미시적 각론의 차원에서도 현실 세계와의 놀라운 교감과 그에 상응하는 역동적 에너지를 분출하는 모습을 엿보게 된다. 도가 생명을 잉태한 잠재성의 에너지, 나아가 언어의 이중구속성을 은유하고 있다는 것이 1장을 읽는 기본 프레임이라면, 그 모티브를 제공하는 것은 '중묘지문'이다. 이 부분 거의 모든 해석이 '현묘하고 현묘해서 모든 신묘함이 나오는 문' 정도로 얼버무리고 있는데, 이는 정확하게 잘 모르는 것을 아는 척하거나, 노자나 왕필의 언술을 그대로 직역하는 태도 이상도 이하도 아니다. '중묘지문'은 여성의 자궁, 다시 말해 '온갖 신비한 것들이 태어나는 생명의 자궁 역할을 한다'로 해석해야 노자철학의 궁극이 생명의 철학일 수 있는 구체적 논변을 가능하게 할 수 있다. 그 해석이 6장과 리좀적 네트워크를 통해 생명의 흐름을 형성하게 되면, "여성의 은밀한 문(생식기)을 현빈이라 한다. 그것은 모든 생명의 뿌리로, 아무리 사랑하여도 늘 처음과 같다. 사랑 자체가 생명현상이기 때문이다"와 같은(비록 해석의 극단이라 해도) 놀라운 구체성에 도달하게 된다. 이 해석의 구체성과 농담 삼아 "골짜기의 신은 죽지 않으니 이것을 현빈이라고 한다. 현빈의 문은 천지의 뿌리라고 하는데 미미하게 이어져서 있는 듯 없는 듯 하면서도 쓰는데 힘들이지 않는다"를 비교·대조해 보라. 도대체 "골짜기의 신"은 무엇이며, 현빈은 또 뭔지, '현빈의 문'은 더 난삽해 보이며, "미미하게 이어져 있는 듯"한 것은 또 무엇이며, 그것이 왜 "쓰는데 힘들이지 않는"지, 온통 모호함 투성이다. 이는 번역/해석이라기보다, 차라리 옮김이다. 독자는 절망하거나 극도의 혼란에 빠진다. 죽은 해석은 이유없이 그런 것이 아니다. 번역은 최종심급에서 해석이 되어야 한다. 우리는 노자뿐만 아니라 모든 고전 강독에서 맥락의 단절을 경험함으로써 그것이 음풍농월 이상이 되지 못하는 것을 수다하게 목도해온 터이다. 이 맥락의 공유가 있기 때문에 10장을 에로스의 정치적 승화로 읽을 수 있는 동력을 얻게 된다. 다시 말해 정치에 나아가려는 자는 '천문개합 능위자호(天門開闔, 能爲雌乎)', 여성을 사랑할 때와 같이 은밀하고도 염결하며, 정숙하고도 열정적이며, 순수하면서도 최고의 정성으로 임해야 한다는 해석이 가능하게 된다. 맥락적 독서와 해석의 전체성이 중요한 이유이다(더 자세한 것은 도덕경 10장 어휘 풀이, 정독, 해석을 차례로 탐독하기 바람). 그러니까 우리는 이를 통해 노자의 정치적 입장이 사랑에 임하는 자의 마음, 그 깊이와 고요함, 정열과 순수의 태도를 겸비해야 겨우 나아길 수 있는 일임을 구체적으로 간파하게 된다. 이 연장선상에서 보면 노자의 에로스는 55장에서 하나의 절정, 완성된 텍스트로 기능할 수 있는 가능성을 엿보게 되는데, "含德之厚, 比於赤子. 蜂蠆虺蛇不螫, 猛獸不據, 攫鳥不搏. 骨弱筋柔而握固, 未知牝牡之合而全作, 精之至也, 終日號而不嗄, 和之至也. 知和曰常, 知常曰明"을 "후덕함은 적자(아이)에 비유된다. 가령 벌과 독사의 정력에 버금할 만하고, 맹금의 유연함과 강한 힘에 대적할 만하다. 그 부드러움과 유연함에서 나오는 강한 정기 때문에, 성교함에 정력의 최고 상태에 도달해, 온종일 괴상한 소리를 질러도 목이 쉬지 않을 정도로 교합의 절정을 이룬다. 그 교합의 짝을 찾는 것을 영원함이라 하고, 이를 경험하는 것을 궁극에 이르렀다(날 새는 줄 모른다)라고 한다"로 읽을 수 있는 개연성이 그것이다. 흡사 리좀의 구조를 취하고 있는 듯한 노자의 텍스트는 언어의 에로스, 에로스의 언어로 충만하다. 생명의 언어인 이유이다.

에로스의 은밀한 스밈을 노자의 언어는 징후적으로 포착한다. 그것이 불립문자인 이유이기도 하다. 그러므로 정치적인 것은 노자에게서 지극히 비정치적인 메타포로 환원되는 과정 속에서

만 그렇다. 노자의 언어에서 정치적인 것과 미적인 것은 자웅동체인 것처럼 보인다. 왜 정치가 미학과 긴밀하게 운동해야 하는지를 노자는 하나의 교범으로 형식화한다. 그런 면에서 포스트 근대의 일상에서 진행되고 있는 정치적 해체와 야만은 노자의 언술을 통해 근사하게 복원할 수도 있다. 오늘의 정치적 파국과 근미래에 대한 시간의 성숙을 고민한다는 것은, 단언하면 감히 노자의 언어에 사숙한다는 것 외에 다른 무엇이 아닐 수도 있는 것이다. 노자 주석이 그것을 노리고 있다는 것은 두말할 필요도 없다.

2016 입동

불암우거 신철하

차
례

일러두기–『도덕경』주석과 관련하여 ___4

에로스와 생명정치 – 도덕경(道德經) 주석

제1장 프롤로그–도의 원리와 생명 ___25

제2장 과정으로서의 삶과 꼬뮨 ___29

제3장 무위의 정치적 거버넌스 ___32

제4장 다시 도의 근원, 혹은 실체에 대하여 ___37

제5장 현상학적 환원 ___40

제6장 여성성과 생명 ___43

제7장 가이아 가설(Gaia theory) ___46

제8장 좋은 정치 ___48

제9장 나아감과 물러섬 ___50

제10장 비유의 힘, 혹은 묘령의 여인 ___53

제11장 무목적의 합목적성과 노자 ___56

제12장 자본 사회와 분열증(1) ___58

제13장 왜 인내를 요구하는가 ___60

제14장 노자의 정치적 이데아 ___62

제15장 도는 마침내 내 안에 있다 ___66

제16장 상호부조와 꼬뮨 ___69

제17장 정치의 최종심급은 시적 언어를 향한다 ___72

제18장 자본 사회와 분열증(2) ___74

제19장 비움에 대하여 ___77

제20장 정치(가)와 고독 ___80

제21장 '기관없는 신체'와 잠재성 ___83

제22장 근대적 사유, 혹은 남성성의 이면 ___87

제23장 '취우'와 생명력 ___89

제24장 노마드적 사유 ___92

제25장 물(物)의 자연과 도 ___94

제26장 댓구법, 혹은 이중구속 ___96

제27장 인간에 대한 예의 ___98

제28장 여성성과 덕 ___100

제29장 작위의 한계를 넘어 ___102

제30장 병영형 국가주의 ___104

제31장 전쟁과 군대 ___107

제32장 반복 모티브에 대하여 ___110

제33장 지족 ___112

제34장 웅덩이와 도 ___113

제35장 해석의 고루함을 넘어 ___115

제36장 미명(微明)의 에너지 ___117

제37장 통나무와 적자(赤子) ___119

제38장 덕의 실체 ___121

제39장 덕의 정치 ___123

제40장 유물혼성과 도 ___125

제41장 무명의 진리 ___127

제42장 상생과 조화 ___128

제43장 변화의 전환기적 모티브 ___129

제44장 탐욕과 절제 ___131

제45장 리좀의 네트워크 ___132

제46장 상족(上足) ___134

제47장 견자 칸트 ___135

제48장 다시 비움에 대하여 ___140

제49장 포용의 정치 ___143

제50장 섭생에 대하여 ___144

제51장 현덕에 대하여 ___146

제52장 구멍에 대하여 ___148

제53장 정치의 부재로부터 다른 정치로 ___150

제54장 세계는 자발성으로 감응한다 ___152

제55장 사랑의 파문 ___154

제56장 현동(玄同) ___157

제57장 통나무의 교훈 ___158

제58장 양극의 조화로서의 정치 ___160

제59장 검소한 농부 ___161

제60장 덕의 정치 ___162

제61장 여성성의 정치, 혹은 분단체제 이후의 한국 ___163

제62장 문학과 정치적 기초 ___165

제63장 무위, 무사, 무미의 정치 ___168

제64장 덕의 실천으로서의 무위 ___169

제65장 계식(稽式)의 의미 ___171

제66장 부쟁 ___174

제67장 정치의 세가지 덕목   ___175

제68장 다시 좋은 정치에 대하여   ___177

제69장 무행(無行) : 정치에 임하는 태도   ___178

제70장 소통   ___180

제71장 무지와 무위   ___181

제72장 정치적 불신   ___185

제73장 다시 나아감과 물러남에 대하여   ___186

제74장 정치와 공포   ___188

제75장 세금의 형평성과 투명성,

　　　혹은 조세 저항에 대하여   ___190

제76장 부드러움의 힘   ___192

제77장 정치 구조를 넘어 국가 구조를 바꾸는 일   ___194

제78장 정언(正言)   ___196

제79장 더 좋은 정치에 대하여   ___197

제80장 이상국가, 혹은 마을자치와 꼬뮌   ___198

제81장 에필로그─시적 언어와 정치적 언어   ___202

미적인 것과 에로스   ___205

참고문헌   ___239

찾아보기   ___241

노자 초상화(조맹부)

현존하는 『道德經』판본 중 가장 오래된 것으로 추정되는
1973년 마왕퇴에서 발견된 『帛書老子 乙本』일부.

에로스와 생명정치

도덕경（道德經） 주석

제1장

프롤로그
도의 원리와 생명

道可道非常道, 名可名非常名. 無名天地之始, 有名萬物之母.
故常無慾以觀其妙, 常有慾以觀其徼. 此兩者同, 出而異名, 同
謂之玄, 玄之又玄, 衆妙之門.

도를 개념화하게 되면 그 순간 도는 본래 의미를 상실한다. 어떤
이름을 호명하는 순간 더 이상 그 이름의 본래 의미는 퇴색하는
것이다. 이는 곧 도(無名)에서 세계가 시작되었음을, 덕(有名)이 만

道 근본. 주의. 이데올로기. 법.

妙 오묘하다. 신비하다. 생명의 모태가 되는 여성성의 신비를 언어로 명명한다면 '현
묘한 무엇'이라고 할 수 있다.

徼 살피다. 미묘하다. 현상세계의 드러난 면을 살피다. 요/교.

玄 정확하게 언어의 이중구속으로 읽어야 맛이 산다. 여기에서 저기까지, 유와 무의 이
중구속.

門 생명 탄생의 문이라는 점에서 道와 같은 위계로 읽을 수 있다. 더 구체적으로는 여
성성, 여성의 자궁으로 은유된다.

에로스와 생명정치 ― 道德經 註釋

물의 모태가 됨을 이른다. 그렇기 때문에 무욕으로 내밀한 속(세계)의 묘함을 응시하고, 유욕으로 그 현상의 이치를 이해할 수 있다. 궁극적으로 이 양자는 한 몸으로, 각각 다르게 호명되었을 뿐이다. 원래의 그 같음을 사람들은 현묘(여성성)하다고 말하는데, 온갖 신비한 것들이 태어나는 생명의 자궁 역할을 한다.

* * *

도를 운동의 개념, 변화의 그것으로 이해할 때 그 실마리가 어렴풋이 잡힐 수 있다. 그것을 미명이나 박명으로 묘사할 수 있는데, 우리 삶의 본질이 사실 그런 상태에 가깝다. 문학은 그것을 뛰어난 감각으로 포착함으로써 순간, 혹은 그 시간의 상황을 정지시키거나 잠시 가두는 착시 속에 들게 한다. 들뢰즈의 '기관없는 신체'에서의 '잠재성'과 유사한 인식의 범주가 그것이다. 그의 노마드적 사유가 삶(생명)을 생성의 개념 속에서 이해하고 있듯이, 노자의 도는 삶에서 파생되는, 구획하고 명명하며 완성된 무엇으로 인간을 구속하려는 혹은 이데올로기화 하려는 일체의 사유와 통념을 거부한다. 그런 인식의 방법론으로 언어의 이중구속적 프레임을(『사랑의 파문』, 「이중구속과 도」 참조) 제시할 수 있다. 가령, 정신병리적 환자의 임상 과정에서 두 개의 서로 다른 메타메시지가 주어졌을 때 인간은 대부분 분열하는 상황에 처하게 되는데, 그것은 보다 추상적인 차원에서 "일차명령과 모순되고, 일차명령과 마찬가지로 생존을 위협하는 신호나 처벌에 의해 강요되는 이차 명령이 주어졌을 때 나타날 수 있는 반응과 상응"하며, 그렇기 때문에 그 반응은 어떤 관계적 상황에서 상대방이 메시지의 두 가지 수준을 표현하면서 하나가 다른 하나를 부정하는 상황에 처해 있을 때 나타난다. 가령, 해방 후 인민의 삶과 풍속을 핍진하게 재현하고 있는 『장마』(윤흥길)는 작가가 유년기적 시선으로 6·25를 호출해내는 과정을 통해, 그것이 어떻게 우리의 현재 삶을 위요하고 있는지를 심문한다. 그 심문의 형식은 국군 외아들을 둔 외할머니와 '빨갱이'가 된 아들의 생사에 노심초사 하는 할머니의 대립적 긴장과 갈등을 지켜보는 '나'의 마음의 상태를 채색하는 과정과 맞물려 있다. 작가는 강력한 타자인 두 할머니 사이에 끼여 전쟁이 어떻게 가족을 해체하고 세속적 차원의 삶을 왜곡하는가를 핍진한 풍속의 묘파를 통해 재현한다. 그 절정에서 작가가 소년인 '나'에게 심문하는 것은 "오삼촌이 존냐, 친삼촌이 존냐?"라는 곤혹스런(분열적) 수사이다. 마침내 소년은 분열한다. 그 분열이 소년의 분단체제 이후의 삶을 지배하는 내면이다. 무명과 유명, 무욕과 유욕은 그러므로 대립적 쌍의 형식으로서의 둘이지만 하나인 것처럼, 혹은 어떤 상황에서는 이것 아니면 저것이라고 택일하기 어려운 어떤 것이다. 전일적이며 생태적인 사유가 요구되는 이유이다.

한편, '현묘'(玄妙; 검은 것으로 함의되는 어떤 신비로운 현상, 에로스를 축으로 하는 여성성의 어떤 형태)함은 플라톤이 『티마이우스』에서 말한 코라khora의 은유적 표현과 상동성을 띠고 있는데, 허(虛)나 공

(☯)으로도 해석 가능하다. 玄의 그러한 속성은 노자가 다시 6장에서 구체적으로 "곡신(曲神)은 불사하니 이를 현빈(玄牝)이라 한다"라는 통찰에서 엿볼 수 있듯, 여성성과 관계한다. 그 여성성은 아름다움과 신비함, 생명의 모태와 온갖 생명의 탄생에 대한 상징을 담고 있다. 도가 삶의 기준이 된다면, 그 삶의 운동성을 가능하게 하는 모멘텀을 노자는 바로 이 현묘함에서 찾는다. 말하자면 그 현묘함의 중심에 모(母, 특히 胞胎한 여성)가 있다. 그 모가 운동성의 궁극인 생명과 에로스의 뿌리이며 발원지이다.

제2장

과정으로서의 삶과 꼬뮌

天下皆知美之爲美, 斯惡已, 皆知善之爲善, 斯不善已. 故有無相生, 難易相成, 長短相形, 高下相傾, 聲音相和, 前後相隨. 是以聖人處無爲之事, 行不言之敎, 萬物作焉而不辭, 生而不有, 爲而不恃, 功成而不居. 夫唯不居, 是以不去.

온 세상 사람들이 아름다움에 취해 치장하려고 애쓰는데 이는 천박한 것이요, 나아가 (의식적으로) 선을 행하려고 하지만, 오히려 더 나쁜 결과에 이른다. 이런 까닭에 유무상생, 난이상성, 장단상형, 고하상경, 성음상화, 전후상수를 응시해야 한다. 좋은 정

生而不有　삶이란 지속적인 과정의 연속이다. 삶이란 완성을 향해 나아갈 뿐이다. 혹은 혁명적 생성(창조)을 향한 과정이다. (李息齋의 '物不能去'와 상통)

恃　자만하다. 믿다.

치는 (이 여섯 원리를 알아) 무위로 하고자 하는 바를 이루며, 가르치지 않아도 행하고, 온갖 궂은일을 마다하지 않으며, 낳되 구속하지 않고, 행하되 자만하지 않으며, 공을 쌓되 (자리에) 연연하지 않는다. 정치에 임함에 이와 같이 함으로써 온전한 삶을 누릴 수 있다.

* * *

문형 구조가 대립쌍binary opposition을 취한다는 점에서 1장의 패턴을 미시적 수준에서 반복하면서, 더 심화하고 있다. 지속적으로 반복되는 그 대립쌍들은 양극단의 현묘한 융화를 통해 그 모순, 대립, 갈등을 껴안거나 보충, 대리, 해소하기 위한 것이다. 우리는 여기서 노자의 궁극적 세계인식이 관계의 망 속에 있다는 것을 간파하게 된다. 이 사유의 연장선상에 있는 것이 크로포트킨의 '상호부조론mutural aid'이다. 그는 사회와 자연에는 상호투쟁이나 무엇을 규정하는 법보다 상호부조의 법칙이 종(種)이 진화하는 데 더 중요한 역할을 해왔다는 케슬러의 생각을 이어받아 "모든 유기체들은 두 가지 욕구 즉 영양섭취와 종족번식 욕구를 지닌다. 나는 유기적 세계가 진화하는 데 개체들 사이에 상호부조야말로 상호투쟁보다 훨씬 더 중요한 역할을 해왔다"고 역설한다. 이 관계적 사유와 실천이 생명과 삶을 관계의 망으로 이해하게 될 때, 노자가 80장에서 언명한 '소국과민(小國寡民)'의 정치체제는 더 명료한 의미를 획득한다. 우리는 그 정치의 현대적 의미를 궁리할 필요가 있다. 궁리의 키워드가 되는 것이 말하자면 '생이불유(生而不有)', 즉 삶을 하나의 과정으로 이해하려는 노력이다. 특히 분단체제 속에 70년 이상 구속돼 있는 한반도 시민의 내면은 근본적으로 불구의 트라우마를 화인처럼 내면화하고 있는데, 이로부터 해방되는 발본적 인식은 과도한 국가주의가 파생한 생활의 왜곡을 해소해나가는 문제와 직결돼 있다. 그것의 정치적 실천이 지역자치의 실질적 전개와 마을의(지역자치제의 능동적 실천을 통해 실현 가능할 수도 있는 꼬뮌) 복원이라고 할 수 있다. 마을의 복원은 분단체제 극복을 위한 가장 핵심적인 정치적 혁신으로 기능할 수 있다. 그렇게 구성된 마을 속에 실존적 주체로서의 내가 가능할 수 있다. 당연한 것이겠지만 그 결과 '나'는 높은 덕성과 존엄을 지닌 인간으로 다시 사는 '생성'의 삶을 설계하게 된다.

제3장 　　　　　　　　　무위의 정치적
　　　　　　　　　　　　거버넌스

不尙賢, 使民不爭. 不貴難得之貨, 使民不爲盜. 不見可欲, 使
心不亂. 是以聖人之治, 虛其心 實其腹, 弱其志, 强其骨. 常使
民無知無慾, 使夫知者不敢爲也. 爲無爲則無不治.

구심점(/좋은 정치)이 없는 사회는 분열이 끊이지 않는다. 이를 뒷
받침하듯 탐욕이 만연하게 되면 도적이 들끓는다. 탐욕을 다스
리는 것은 현자(좋은 정치가)가 민중에게 보여줘야 할 주요한 덕목
이다. 그런 면에서 좋은 정치란 법이나 제도 등의 온갖 감언이설
로 분칠한 규율이 아닌, 민중의 생활을 실질적으로 향상할 수 있

尙　여기서는 숭상하다. 높이다. 꾸미다.
賢　猶能也(王弼)
不尙賢, 使民不爭　정치가가 명성을 쫓지 않으면 국민은 다투지 않는다.

는 것이어야 한다. 이런 바탕에서야 민중은 무지(사악하지 않음), 무욕(함부로 탐하지 않음)을 실천하게 되고, 아울러 정치 역시 감히 민중의 삶과 유리되어 함부로 거스르지 않게 된다. 궁극적으로 무위를 실천하면 좋은 정치가 스며들지 않는 곳이 없다.

* * *

좋은 정치(성인의 정치)란 무엇을 말하는 것일까. 공동체의 분열은 근본적인 사회구조의 해체를 명시한다. 그 바로미터가 되는 것이 삶의 구체적 양태로부터 배태한 양식(style)의 소멸이다. 풍속의 해체는 인간의 삶이 지향하는 축제의 소멸을 필연적으로 불러온다. 그런 면에서 축제가 불가능한 오늘의 한국 사회에 번성하고 있는 온갖 기획된 수상한 축제는 거대한 아이러니다. 공동체의 해체 이후에 벌어지고 있는 이런 풍경은 마치 들뢰즈의 '소진된 인간'들에서처럼 집단 히스테리를 연상하게 한다. 긴 시대적 간극에도 불구하고, 노자의 시대가 그랬을지 모른다. 좋은 정치를 열망하는 민중과 현자(좋은 정치)에 대한 갈망은 그러므로 오늘의 한국 사회를 비추는 거울이 된다. 이미 가능성이 소진되었다는 절망에도 불구하고 그 환멸을 껴안고 뒹굴며 마침내 '다음생명'을 향해 나아가야 할 최소한의 희망이 필요하다면, 궁극적으로 정치적 짐승의 시대로부터 탈주(/도주)하기 위한, 그리하여 인간의 시대와 삶을 위한 호소와 동의와 행동일 것이다. 그 가능성을 간디의 판차야트를 빌어(혹은 스위스식 정치체) 노자의 정치적 무의식으로 재구성해볼 수도 있다. 지식인 꼬뮌주의에 가까운 면도 있지만 '협의체 민주주의consociational democracy'로 통칭되는 스위스식 모델의 핵심은 분단체제로 크게 단절되어 있을 뿐만 아니라 지역 분열, 세대간 분열, 이념적 분열로 거의 해체되어 있는 한국사회에 주요한 정치적 모멘텀을 제공할 수 있다. 분명한 것은 스위스식 정치구조를 그대로 우리 현실에 대입하자는 것이 아니며, 정치의 구조를 바꿔야 한다고 말할 때, 우리가 직시해야 할 것은 공동체적 해체와 사회 균열이 극심한 사회, 종교적, 이념적, 언어적, 문화적, 윤리적으로 다기하게 분열된 사회 구조에 적절한 탄력성을 지니고 있는 정치적 프레임을 주목할 필요가 있다는 점이다. 협의체 민주주의에서 정치의 주체는 개인이 아니라 자율적 개인이 집합적 형태로 조직된 집단(혹은 집합지성)이며, 그래서 한국적 전통의 두레나 향약, 서구적 꼬뮌과 유사한 형태를 상정해볼 수도 있다. 이 모델의 더 중요한 미래적 비전은 시장주의와 신자유주의를 지양하고 공동체적 구성원에게 공적 지위를 부여함으로써, 삶의 가치를 승자와 패자를 넘어서는 공공선으로부터 찾으려는 상호부조의 정치 지향에 있다. 이 정치적 실험과 접목이 민중의 문화적 삶을 위한 마을 재구축 과정에 유효한 힘을 발휘할 수 있다는 믿음이 있다. 한편 '판챠야트'로 상징되는 간디의 '마을공화국'은 70만개의 마을로 구성된, 영국으로부터의 해방 이후 '자유 인도의 미래를 위한 평화헌법'을 통하여 면밀하게 주석되고 있다. '자유 인도의 행정 기본단위는 자급자족 및 자치의 마을이 된다'라는 서문으로 시작되는 '자유 인도를 위한 간디의 헌법안'에는 시장자본주의와 병영국가주의로 포장된 근대국가 체제 이후의 국가 구조에 대한 성찰적 기획과 함께 국가 기능, 교육, 치안, 산업, 무역과 상업, 위생, 의료제도, 사법, 재무 및 과세 심지어 레크리에이션까지를 포괄하는 정치 과정을 면밀하게 설명하고 있다. 거기서 그는 "마을공동체는 작은 공화국이다. 필요한 것 거의 전부가 마을 속에 있고, 바깥과의 관계로부터 거의 독립해 있다. 마을 이외의 것은 아무것도 남아있지 않을 때에도 마을은 남는다"라는 비전을 제시하면서, "국가는 농축된 폭력이다. 개인에게는 영혼이 있지만 국가는 영혼이 없는 기계이다. 국가의 존재 자체가 폭력에 유래하기 때문에 폭력에서 유리되는 것은 불가능하다"는 견해를 피력한다. 그 국가의 폭력을 전위에서 수행하는 것이 바로 군대다. 그러므로 그의 비폭력주의는 '군대해산'이 평화의 궁극적 출발점이라는 전위적 인식에 기초한다. 특히 군산복합체의 형태를 띤 근대 이후 제국의 군대는 경제, 정치, 법, 문화의 총체적 형식을 지님으로써 폭력의 재생산을 위한 첨병이 되고 있다. 20세기를 통하여 대부분의 군대는 사실상 외국인(6845만 2000)보다 자국민(1억 3475만 6000)을 더 많이 죽였다. 이는 "군대가 국민을 외국의 적으로부터 지키기 위해 존재한다는 고정관념과 모순"된다. "세계의 많은 국가에서 군대는 국민과 싸우는 것 이외의 목적을 갖고 있지 않"다. 문제는 그러므로 군대의 비대화는 필연적으로 전쟁을 불러온다는 점이다. "군대의 유일한 상품은 전쟁"이기 때문이다. 자본주의 경제의 하위체제로서의 군산복합체는 국민과 시민을 위해 생산하는 제도라기보다 생산과 파괴의 순환에 기초한 제도이다. '전쟁과 전쟁 준비'는 국가주의 경제시스템의 필수불가결한 요소가 되는 것이다. 이를 명확하게 직시한 결과, 간디의 자유 인도의 미래를 위한 평화헌법은 판챠야트에 기초한 '마을 공화국'을 최종심급으로 하고 있다.

제4장

다시 도의 근원,
혹은 실체에 대하여

道沖而用之或不盈. 淵兮, 似萬物之宗. 挫其銳, 解其紛, 和其光, 同其塵. 湛兮, 似或存, 吾不知其誰之子, 象帝之先.

도는 텅 비어 있되 아무리 써도 궁함이 없다. 그 깊이를 헤아릴 수 없으니, 만물의 근원이다. 모난 것을 둥글게 하고 다툼을 해소하며 세상의 위태로운 기세를 순치함과 아울러 온갖 세속잡사를 슬기롭게 수렴한다. 그 의미를 헤아리기 어려울 만큼 깊은 존재이다. 혹 상제보다 앞서 존재했다고 하나, 누구인지는 아무도 모른다.

同其塵 여기서는 더러움, 티끌이 아니라, 세속잡사를 슬기롭게 수렴하는 지혜로 읽어야 한다.

* * *

지독한 패러독스를 이겨내기 위해서는 언어에 대한 감수성과 함께 몸으로 체감하는 자의식이 요구된다. '빔/충만'의 대립쌍이 호응하기 위해서는 사유의 인식론적 단절이 아니라, 차면 기우는 천체의 원리, 비워내야만 채울 수 있는 능동적 관계의 원리를 살펴야 한다. 이와 함께 노자는 도를 유기체, 나아가 묘령의 여인으로 비유함으로써, 의미의 논리를 복잡화한다. 그 아포리아는 생명의 신비와 복잡함을 정확하게 형식화하는 언표행위이다. 사랑의 샘은 비어있는 것처럼 보이지만, 아무리 퍼 올려도 고갈되지 않는다. 넘치지도 않지만 계속 일정한 위계로 솟아올라오기 때문이다. 여성성의 원리도 이에 견줄 수 있음을 노자의 수사학은 사유화한다. 그렇기 때문에 도는 텅 비어있지만 아무리 써도 다하지 않는다'는 그것을 생명의 원천으로서의 여성성으로 읽을 수 있다. 여성성이란 1장에서 말한 코라적 의미에서의 그것과 상동성을 띠며, 그런 면에서 도의 다른 한 맥락이 생명의 근원으로서의 여성성이라는 점을 강조할 필요가 있다. 그 여성성은 이성중심주의, 가부장제, 마초적 남근주의, 속도, 대량생산, 자본의 끝없는 인간노예화로 통칭되는 근대(현대)주의로부터의 패러다임의 전환까지를 암시한다. 말하자면 노자의 여성성의 모티브는 반생명을 극복하기 위한 과정으로서의, 근대로부터 탈근대(혹은 전근대)로의 이행기적 사유를 촉매한다. 우리는 그것의 한 편에 정치적 구조의 프레임을 전환하는 일이 있음을 직시할 필요가 있다.

이를 매개하는 자리에 디지털 노마드, 삶의 방식을 다른 방식으로 전개하고자 하는 새로운 디지털 플랫폼과 새로운 언어의 질적 확산이 있다. 삶의 거시적 전환의 패러다임을 직시해야 할 필요가 있다.

제5장

현상학적
환원

**天地不仁, 以萬物爲芻狗. 聖人不仁, 以百姓爲芻狗. 天地之
間, 其猶橐籥乎, 虛而不屈, 動而愈出. 多言數窮, 不如守中.**

현상 자체로는 인의 유무를 거론하기 어렵다. 그것은 조물주가
특별히 어떤 한 낱생명만을 위해 밥을 준비하지 않는 것과 같다.
마찬가지로 성인됨을 인의 유무로 판단하기는 어렵다. 가령 그
것은 민중을 위해 개를 기르지는 않지만, 뭇사람들이 그 개를 먹
이로 하는 것과 같다(특별히 무엇을 위해 일을 하지 않으나 모든 일은 그 필
요와 쓰임에 맞춤함으로 결과한다). 하여 천지지간은 풀무의 텅 빈 구멍

芻狗　쓸데없이 된 물건. 짚으로 만든 개. 추구.
橐籥　풀무와 피리. 모두 중심이 텅 비어 있다. 탁약.
動而愈出　'활동하는 무' 혹은 텅 비어 있는 공간에서의 운동성.

이 비어 있어 바람의 들고 남이 자유로운 것에 비유된다. 언어로 (천지불인이나 성인불인을) 개념화하고 명명하게 되면 그러할수록 오히려 그 의미가 더 궁색해져, 이전의 상태만도 못하게 된다.

✳ ✳ ✳

사물을 투명하게 보기 위해서는 일체의 편견이나 이데올로기를 배제하고, 따라서 모든 의미를 괄호 속에 넣고 무(제로)의 상태에서 응시해야 한다. 노자의 사물 인식은 그 투명성이 인간과 세계를 가장 명징하게 볼 수 있는 출발점이 된다는 것을 강조한다. 오염된 언어가 간섭하게 됨으로써 사물을 투명하게 보려는 인간의 내면을 방해하는 문제를 어떻게 극복할 것인가. 잘 알려져 있듯이 에드문트 훗설이 이에 가깝게 접근해보자 고투했다. 그에 따르면, 낡은 과학이론이 새로운 발견에 의해 파괴되고 새로운 이론의 선택으로 대체되는 것처럼, 상식도 우연히 지금까지는 타당한 인식에 지나지 않는다. 서서히 확실하게 되어간다면 그것으로도 좋지 않을까,라고 생각할 수도 있는 반면, 참된 학문은 절대로 확실해야 하며 타당해야 한다. 훗설이 선택한 것은 후자의 방식, 즉 엄밀함의 창출이었다. 이를 위해서는 연구의 출발점이 될 절대적이고 확실한 기반을 도출해내지 않으면 안 된다. 그러나 우리의 주변을 싸고 있는 세계는 참된 학문의 기반이 되기 어렵다. 우리의 감각은 세계를 정확하게 파악할 수 없으며, 오히려 자주 오류를 범한다. 즉 외부 세계에 관한 모든 이론은 추론의 영역을 벗어나지 못한다. 이런 상황에서 학문의 절대적이고 확실한 기반을 어떻게 찾아 낼 수 있을까? 후설이 채택한 방법은 콜럼버스의 달걀과 같은 역발상이었다. 우리의 인식이 틀린 것은 아닐까 하는 의심은 우선 '물자체'를 전제해놓고서 이것을 우리가 정확히 파악하고 있는 걸까, 하고 생각하기 때문에 생겨난다. 그렇다면 처음부터 물자체에 대한 판단을 중지하고, 이런 판단중지 이후에 나타나는 세계를 정확히 기술하면 된다. (이런 상황에서는 '나는 물자체를 정확히 인식하고 있는가?'라는 물음 자체가 성립하지 않기 때문에 우리는 엄밀한 기반에 도달할 수 있게 된다. 물자체에 대한 판단을 중지한 이후에는 의식에 떠오르는 세계만 존재하기 때문에 '물자체와 관념의 차이'라고 하는 기존의 철학적 문제는 성립되지 않는다.) 이와 같이 의식에 떠오른 세계에만 주목하는 태도를 현상학적 환원이라 부른다. 그것은 의식 작용의 상관자로서만 외부 세계를 인식한다는 태도의 변형이다.

제6장

여성성과
생명

谷神不死, 是爲玄牝. 玄牝之門, 是謂天地根. 綿綿若存, 用之
不勤.

여성의 은밀한 문을 달리 현빈이라 한다. 그것은 모든 생명의 뿌
리로, 아무리 사랑하여도 늘 처음과 같다. 사랑 자체가 생명현상
이기 때문이다. (직역 : 곡신은 불사하니 달리 현빈이라 한다. 현빈의 문을 일러
천지의 근원이라 한다. 영원하여, 아무리 써도 그 다함을 근심할 필요가 없다.)

門 '玄牝所由'(王弼). 암컷의 가장 내밀한 곳은 컴컴하다.

＊ ＊ ＊

여성의 자궁이 생명, 혹은 道의 근원이자 모태이다. 두 가지 의미에서 그렇다. 에로스의 차원에서, 그리고 생명을 포태하는 근원적 진화 원리의 차원에서가 다른 하나이다. 궁극적으로 그것은 하나의 작은 우주이다. 흔히 한국의 기존 종교와 신앙을 혼융하여 독창적인 조선후기 사상이자 종교로 승화시킨『동경대전(東經大全)』2장 論學文 本呪文은 "侍天主 造化定 永世不忘 万事知"라고 주장하면서, 侍(모심)에 관한 해석을 "侍者 內有神靈 外有氣化 一世之人 各知不移者也"로 주석하고 있는데, 여기서 지극한 모심의 예로 포태(胞胎)한 여성(母)을 상기할 수 있다. 이를 위해서는 약간의 설명이 요구된다. 지질학과 지구물리학자였던 테야르 드 샤르댕은 "물질의 종합 상태가 증가하면서 이와 함께 의식도 증가한다"라는 가설을 전개한다. 부연하면 "물질에너지와 얼에너지는 어떤 무엇을 통해 서로 연결되고 결합되어 있음을 의심할 수 없"는데, 그는 여기서 한걸음 더 나아가 생명의 진화를 의식의 상승으로 이해하면서, 그 의식의 상승인 생명현상의 본바탕을 이루는 것을 사랑(에로스)이라고 말한다. 그 사랑이 모심과 유사한 위계에서 이해 가능하다. 지극한 모심을 통해 한 인간의 의식의 상승과, 밖으로의 무위적 실천과 이를 행하는 과정의 게마인샤프트적 요소를 중시하는 동학의 강령은 그 자체로 인간주의와 과정으로서의 삶의 생성적(혁명적) 갱신을 은유하고 있다. 그 모티브가 모심이며, 모심은 여성성의 근원인 현빈으로부터 촉발

함을 유추할 수 있다. 말하자면 곡신과 현빈은 에로스와 생명의 바탕으로서의 그 여성성의 심볼인 것이다.

제7장

가이아
가설(Gaia theory)

天長地久, 天地所以能長且久者, 以其不自生. 故能長生. 是
以聖人後其身而身先, 外其身而身存. 非以其無私邪, 故能成
其私.

천지가 광대무변한 것은 그 생명현상의 현묘함(신비)과 함께 하기
때문이다. 좋은 정치도 이와 유사하다 할진대, 스스로를 드러내
지 않음으로써 자신의 존재성을 더 높이는 것이 이와 같다. 비움
으로써 과정으로서의 삶은 완성을 향해 나아갈 수 있다.

無私者 無爲於身也(王弼)

* * *

지구도 지구 안의 다른 유기체가 그러한 것처럼 스스로 생명 활동을 한다. 그 생명 활동은 인간의 욕망으로 축적된 물적, 내면적 기제들을 평형 상태로 유지하기 위한 과정으로 압축된다. 말하자면 지구 안에 품고 있는 모든 생명체들과의 관계를 통해 자신의 존재 활동을 다양하게 전개함으로써, 지구와 지구 안의 생명체들과의 관계성을 역동적으로 구현해나간다는 의미다. '대지의 신'으로 일컬어지는 가이아의 생명 활동은 도의 무위적 특징을 은유적으로 보여준다. 그 절정에 생명을 포태한 여성성이 있다. 노자나 플라톤에게서나 생명의 뿌리는 여성성으로 특징된다. 정치의 구조를 바꾸는 작업에서 여성성의(여성이 아니라) 회복이 중요한 이유도 여기 있다.

　　　　　　좋은 정치

上善若水, 水善利萬物而不爭, 處衆人之所惡, 故幾于道. 居
善地, 心善淵, 與善仁, 言善信, 政善治, 事善能, 動善時. 夫唯
不爭, 故無尤.

가장 좋은 정치는 흡사 물과 같다. 물은 만물을 이롭게 하지만
크고 작은 다툼을 모두 감싸안고 융화해낸다. 낮고 싫어하는
(민중들) 가운데 위치하니 이는 곧 도에 가깝다 말할 수 있다('시장
의 성화'). 낮은 곳을 살피는 태도, 깊이 헤아리는 마음, 연민, 믿음,
정의, 성실함, 때를 기다려 행하는 능력, 이를 아는 것이 정치적
융화이며, 이를 실천하면 감히 도의 경지에 이르렀다 할 수 있다.

* * *

좋은 정치는 지극히 단순한 정치다. 물은 유연하여 어떤 형상, 이념으로도 규정되는 것을 거부한다. 머물지 않는 역동적인 힘과 에너지를 가졌지만, 가장 낮은 곳으로 흐른다. 그 물의 덕성은 가장 낮은 곳을 살피는 정치, 깊이 헤아리는 마음, 연민, 신뢰, 정의, 성실, 나아갈 때와 물러날 때를 아는 지혜, 민중과 함께하려는 융화의 태도로 압축될 수 있다. 그러니까 한국의 정치가들에게 가장 핵심적으로 학습되고 훈련되어야 할 과제가 바로 이 태도에 관한 수련이다. 온갖 교활한 꾀와 기술의 반복 학습으로 무장한 그들이 정치에 가담할 때 결과하는 것은 무능, 부패, 부조리, 궁극적으로 반정치와 반민주주의이다. 그 반정치가 약육강식의 짐승의 정치를 낳는다. 현단계 한국 사회의 정치적 기술이 짐승의 정치에 가깝다는 것은 결코 비유만은 아니다. 그러니까 한마디로, 그리고 강퍅하게 언명하면 물의 마음을 알고 수행하기까지는 정치에 나서는 것을 금지하는 묵시적 (사회적) 계율이 반드시 선행되어야 한다. 아니 한시적으로라도 정치인들을 향한 명시적 정치 수칙이 강제되어야 할 필요가 있다.

제9장

나아감과
물러섬

持而盈之, 不如其已. 揣而鋭之, 不可長保. 金玉滿堂, 莫之能
守. 富貴而驕, 自遺其咎. 功成名遂身退, 天之道.

탐욕은 화를 부르게 되어 있다. 재물에 대한 탐욕은 교만을 낳고
재앙을 자초하게 된다. 그러므로 정치에 나아감에 있어서도 반
드시 물러날 때를 아는 것이 지혜다.

揣 때릴(/벼릴) 추. 헤아릴 췌.

* * *

우리가 물려받지 못한 값진 정치적 유산 중 하나로, 전근대의 '의식있는' 정치가들이 한편으로는 풍류로, 다른 한편으로는 정치적 견해의 차이와 정치 장의 기세를 판단하여, 또 궁극적으로는 정치철학과 자기 삶의 완성을 위하여 물러갈 때를 알았다는 것이다. 그것이 이른바 낙향(落鄕), 혹은 귀향(歸鄕)이다. 그 낙향이 주는 정치적 향유가 인간적 삶의 멋을 그윽하게 한다. 멋과 여백이 있는 삶인 것이다. 이와 함께 더 중요한 것은 자신의 정치적 경험을 학문으로 승화할 혹은 기록으로 보존할 기회를 가질 수도 있었다. 그러므로 물러남은 정치를 함에 간직해야 할 가장 중요한 덕목이다. 모든 근대적 의미에서의 한국 정치의 속류성은 물러나지 않으려는 거친 탐욕으로부터 기인한다. 능력이 안 되어도, 정치를 해선 안 되는 도덕적 결함과 부패를 껴안고도 오직 술수의 정치에 몰두한 결과, 시민에게 고통을 주고 지역과 국가를 거덜내고 마는 것이 한국 정치의 현주소다. 정치 구조를 바꿔야 함을 직시한다. 우선 그것은 정치꾼(들)의 정치로부터 헌 정치를 분리해내는 작업이 출발점이다. 코미디처럼 들릴 수도 있을 터인데, 크고 작은 정치에 나서려는 자들에게—복원해도 훌륭하게 써먹을 만한 한국적 전통의 윤리학, 나아가 아리스토텔레스의 '니코마코스 윤리학'이나 스피노자의 '그것', 혹은 랑시에르의 '미학적 정치(혹은 정치적 미학)'는 아예 주문하지도 않는다— 반드시 『격몽요결(擊蒙要訣)』같은 기초 정치학 교과서를 만들어 예비고사를 치르게 할 필요가 있고, 운전면허 시험처럼 이

론과 실기에서 최소 점수를 획득해야 정치 장에 나아갈 수 있는 자격을 주는 제도가 필요하다. 그 자격 시험의 핵심에 물러남을 제1의 실천 원리로 명시하는 것은 췌언을 요하지 않는다. 시방 한국 정치는 이 단계를 사실 넘어서고 있다는 데 문제의 심각성이 있다.

제10장 _____

비유의 힘,
혹은 묘령의 여인

載營魄抱一, 能無離乎. 專氣致柔, 能嬰兒乎. 滌除玄覽, 能無
疵乎. 愛民治國, 能無知乎. 天門開闔, 能爲雌乎. 明白四達, 能
無爲乎. 生之畜之, 生而不有, 爲而不恃, 長而不宰, 是謂玄德.

생과 사를 능히 하나로 감싸는 지난한 과정을 감당할 수 있겠는
가. 나아가 그 기운(혼백)을 잘 다스려 아이의 마음과 같이 할 수
있겠는가. 마음을 수양하여 투명한 깨달음의 상태에 도달할 수
있겠는가. 정치에 나아감에 자신의 무지를 감당할 수 있겠는가.
도를 실천함에 있어 사랑하는 여인의 그것을 대하는 마음으로
할 수 있겠는가. 깨달음을 실천함에 무위의 경지에 이를 수 있겠
는가. 낳고 기르되 간섭하지 않을 수 있겠는가. 정치에 나아가되
지배하려 하지 않을 수 있겠는가. 그렇게 할 수 있다면 좋은 정
치를 실천하고 있다고 감히 말할 수 있다.

                    ✳ ✳ ✳

노자의 언어적 감수성은 투명하고 깊으며 높다. 혼백을 감싸는
일의 어려움은 물론, 그 기운을 아이의 상태로 되돌리려는 마음
의 훈련은 천진무구한 그것이다. 이 상태에 도달하고야 겨우 정
치에 임할 수 있다. 여기서도 엿보이는 도와 여인의 관계는 어떤
절정의 비유에 이르고 있다. 하늘의 문을 열고 닫는다는 것을(좋
은 정치에 임하기 위한 최고의 수신) 사랑하는 여인의 그것에 견주는 수
사적 레토릭은 에로스의 극치이면서 그 이상의 언어적 생명성을
함유하고 있다. 정치는 이 정도의 언어적 자질을(사유의 힘과 윤리)
갖추고서야 겨우 임할 수 있다. 그러니 무지, 무능, 부조리, 부패,

魄 흔히 魂魄. 인간의 육체 안에 있는 마음, 정신, 영혼 등으로 통칭되는 것. 氣.

玄覽 사물의 본질을 꿰뚫어 앎.

疵 허물 자.

天門開闔, 能爲雌乎 왕필도 이 해석에서 별 진전이 없다. 해석의 콘텍스트는 天門
開闔를 道의 시작, 혹은 天地之始로, 이와 호응하는 雌를 같은 위계에서 이해해야
해석의 진화가 가능하다. 다시 말해 그러므로 '천문개합'은 하늘의 문을 열고 닫음
에 비유되는 여성의 문을 열고 닫음으로 해석의 질적 확대가 있어야 한다. 그래서 맥
락적 콘텍스트는 "도를 실천함에 사랑하는 여인의 그것을 대하는 마음과 같이 할
수 있겠는가"란 해석적 싸움이 가능하게 된다.

明白四達, 能無爲乎 이 지문도 앞의 지문과의 맥락적 독서가 필요한데, '명백사달'
을 단순히 지극히 밝아서 사방 두루 통달하다(言至明四達, 無迷無惑, 能無以爲
乎: 王弼) 정도로 읽으면 노자의 진정한 맥락이 거세되거나 한편으로 희석될 가능
성이 있다. 살림의 해석, 바야흐로 잠재성을 내포한 해석의 생명력을 얻기 위해서는
'明白四達'을 깨달음, 혹은 한 실존의 사건으로 읽어야 한다. 즉 "깨달음을 실천함
에 무위의 경지에 이를 수 있겠는가" 혹은 "깨달음을 실천함에 무위를 바탕으로 할
수 있겠는가"가 그것이다.

도덕적 타락, 몰염치로 분장한 한국 정치에 기대할 것은 거의 없다. 한국 정치의 저질화는 정치판의 언어 감각과 언어 자질의 저급함에서도 기인한다. 언어에 대한 자의식이 낮음으로 진정한 의미에서의 수사적 깊이는 기대할 수 없다. 그 결과 남는 것은 거친 말싸움과 조급하고 무지한 현실 개입이다. 말의 타락이 극에 달한다. 언어의 수사적 능력은 단순하게 레토릭을 말하는 것이 아니다. 다시 말해 언어의 수사적 깊이와 풍요를 획득하기 위해서는 지난한 정치적 수련의 시간과 발군의 지적 훈련을 반드시 요구하게 되어 있다.

제11장 _____ 무목적의 합목적성과
노자

三十輻共一轂, 當其無, 有車之用. 埏埴以爲器, 當其無, 有器
之用. 鑿戶牖以爲室, 當其無, 有室之用. 故有之以爲利, 無之
以爲用.

서른 개의 바퀴살은 빈 구멍의 바퀴통을 축으로 마차의 기능을
훌륭하게 수행한다. 그릇을 만들 때 속을 비움으로 쓸모가 있
다. 집을 지을 때도 그 속이 텅 빈 것 때문에 유용함이 있다. 그러
므로 진정으로 유용한 것은 무용함에서 온다.

埏   흙을 이기다, 반죽하다 선. 가장자리 연. 埏埴 도자기로 쓰일 흙을 개다.
鑿   끌로 구멍을 내다 착.
戶牖   출입문이나 들창문. 호유.

* * *

虛, 無, 窈, 沖을 통해 노자는 수사적 패러독스를 넘어서는 미적
진리를 제시한다. 미적이라는 점에서 노자의 수사학은 정치적 그
것을 포괄하면서 이월한다. 그 초월이 인간의 잉여성을 통해 재
현될 때 문학과 예술이 왜 군대, 법, 제도보다 더 높은 위계에 자
리하는 것인지를 간파하게 된다. 그 지점에서 인간의 의식은 짐
승으로부터 인간됨(되기)으로 한 단계 도약하게 된다. 칸트가 그
물음에 부응했다. 간단하게 말해 미적 경험은 실용적 목적이나
이해관계가 없이 그 자체가 목적이 될 때 최고의 쾌락에 이를 수
있다. 이를 칸트는 무목적의 합목적성(purposeless of purposiveness)
이라 명명하면서, 미는 다른 궁극적 목적에 의존하는 것이 아니
라 자주성을 가진 존재론적 범주라는 생각을 전개했다. 이런 미
적 경험이야말로 최고의 쾌감을 준다는 것이다. 그런데 칸트 미
학에서 무목적을 규정하는 합목적성의 원리란 "자연은 최단 행로
를 취한다", "자연은 비약하지 않는다", "원리들은 필요 이상으로
증가하지 않는다" 등과 같은 재래 형이상학의 정식들 또는 준칙
들을 말한다. 칸트는 이러한 정식들이, 비록 우리가 자연이 사실
상 그렇게 고안되었다고 주장할 아무런 근거를 가지지 못함에도
불구하고, 마음에 있어서는 자연이 인식적 관심을 가지고 고안되
기라도 한 것처럼 자연을 바라보게 하는 역할을 한다고 생각하
며, 이를 판단력의 초월적 원리로 규정한다.

제12장

자본 사회와
분열증(1)

五色令人目盲, 五音令人耳聾, 五味令人口爽, 馳騁畋獵令
人心發狂, 難得之貨令人行妨. 是以聖人爲腹不爲目, 故去彼
取此.

사람이 색에 취하면 눈을 멀게 되고, 음악에 취하면 귀를 먹게 되
며, 온갖 산해진미에 취하면 입이 간사해진다. 말을 몰아 희희낙
락 즐기는 사냥이 오히려 발광에 이르게 하며, 금은보화가 행동
에 제약을 가져온다. 이런 까닭으로 현자는 탐욕을(오색, 오음, 오
미, 수렵, 보화) 경계했다. 좋은 정치가 취할 바가 이와 같다.

爽   (입의) 失口之用. 본래 기능을 상실하다(王弼). 상.
馳騁   말을 타고 달리다. 사냥터를 누비다. 치빙.
畋獵   사냥. 전렵.

* * *

자본에 의해 포획된 근대사회의 시스템은 필연적으로 주체의 분열을 가져오게 되어 있다. 악순환의 반복은 피할 수 없는 삶이 되는 것이다. 허먼 멜빌의 『필경사 바틀비』를 통해 우리는 그 삶에 저항하는 최고의 생명 형식이 죽음이라는 섬뜩한 메시지를 읽게 된다. 바틀비 해석에 가장 정교한 분석적 혜안을 보여준 질 들뢰즈는 그 죽음을 예수의 그것과 동일하게 해석함으로써, 그가 뉴욕의 모든 일상의 생명들을 향한 예수가 되었을 뿐만 아니라, 20세기 전체를 통틀어 가장 위대한 성인 중 한 사람이 되었음을 직시하는 데까지 나아가고 있다.

제13장 　왜 인내를
　　　　요구하는가

寵辱若驚, 貴大患若身. 何謂寵辱若驚, 寵爲下. 得之若驚, 失
之若驚, 是爲寵辱若驚. 何謂貴大患若身, 吾所以有大患者,
爲吾有身, 及吾無身, 吾有何患. 故貴以身爲天下者, 可以寄
天下, 愛以身爲天下者, 可以託天下.

치욕을 온몸으로 받아들일 수 있는가. 고난과 수모를 온몸으로
감당할 수 있는가. (가령, 그렇기 때문에) 자신을 지극히 애착하듯이

寵辱　　치욕을 곱씹다. 臥薪嘗膽의 함의, 총욕. 王弼은 이를 '寵必有辱'이라 하여 영예
　　　　로움에는 반드시 수치스러움이 따라온다고 해석하고 있으나, 더 나아가 영예나 은
　　　　총이 큰 우환 자체이므로 이를 어떻게 감당할 것인가가 더 문제일 수 있다. 바로 그
　　　　문제에 초점을 맞춰야 해석의 맥락화가 가능해진다.

大患　　榮寵之屬也(왕필). 그러니까 영예, 은총은 우환과 동전의 양면, 즉 한몸이다.

寄　　보내다. 여기서는 위임하다. 맡기다.

민중을 사랑할 수 있을 때에야 겨우 한 국가의 정치에 나아갈 수 있다.

❊ ❊ ❊

정치의 가장 중요한 덕목은, 고금을 통해 변함없이, 나아가고자 할 때 반드시 물러남의 때를 먼저 준비해야 한다는 것이다. 인내와 수양이 없으면 불가능한 이 덕목은 정치의 생명이다. 물러날 때를 놓치면 정치(가)의 생명은 끝난 것이나 마찬가지다. 집착과 탐욕이 지배하는 현단계 한국 정치는 그러므로 정치적 생명이 거세된 죽은 정치와 크게 다르지 않다. 원숙한 정치적 인간의 모델을 여러 형태로 구상했던 노자나 공자가 궁극적으로 짐승(전쟁)의 시대에 간절히 바랐던 것은 말의 진정한 의미에서의 정치 복원이었다. 그것만이 야만과 짐승의 시대를 끝낼 수 있을 것이라고 믿었기 때문이다. '세월호'로 상징되는 오늘의 한국 정치가 과연 짐승의 정치로부터 예외상태라고 말할 수 있는가. 상징적 함의에서 '정치의 붕괴'가 가져온 우리 사회의 균열은 새로운 정치에 대한 열망으로 오히려 전화하고 있다. 그러니까 정당정치, 의회정치를 초과하는 정치, 아니 오히려 정치 틀 자체가 전혀 새로울 수 있을 어떤 정치를 향한 열망이 여러 형태로 민중들의 내면에 움트고 있다. 기존 정치의 임계점에 도달해 있는 것이다.

제14장

노자의 정치적
이데아

視之不見, 名曰夷, 聽之不聞, 名曰希, 搏之不得, 名曰微. 此
三者不可致詰, 故混而爲一. 其上不皦, 其下不昧, 繩繩兮不
可名. 復歸於無物, 是爲無狀之狀, 無物之象, 是爲惚恍. 迎之
不見其首, 隨之不見其後. 執古之道, 以御今之有, 能知古始,
是謂道紀.

이, 희, 미의 상태를 유물혼성의 도에 비유할 수 있다. 도의 다른
이름인 물이나 통나무, 혹은 신비한 여성으로 비유되는 현빈(玄

致詰 따져서 밝히다. 치힐.

夷, 希, 微 규정할 수 없다는 점에서 도와 유사한 개념의 범주로 이해할 수 있다.

繩繩 綿綿과 같은 뜻. 영원하다. 승승.

惚恍 無物之象, 곧 有物混成의 상태. 더 나아가 도의 의미에 가까운 것으로 이해 가능.

道紀 옛것을 본으로 삼아 오늘의 도를 실천한다.

牝)을 생각해볼 수 있을 터인데, 우리는 이를 통해 도를 실천하는 실마리로 삼을 수 있다.

✳ ✳ ✳

플라톤의 그것처럼 노자도 정치의 최종심급에 이데아로서의 도를 상정해놓고 이에 대한 다양한 해석과 예를 제시한다. 우리는 여기서 도의 본원적 실체의 한 켠을 엿보게 된다. 도를 어떤 것으로 규명하거나 규정하려는 조급한 시도는 실패하게 되어 있다. 그것은 보려고 해도 보이지 않고, 듣고자 해도 들리지 않으며, 실체를 잡아 보려고 해도 잡히지 않기 때문이다. 이 '유물혼성'의 어떤 상태를 도대체 어떻게 이해할 수 있단 말인가. 여기서 대부분의 정치(가)는 분열한다. 단순해서 보려고 노력하나 보이지 않는 것은 보는 자의 눈이 아직 보려는 표적의 수준에 도달하지 못했거나, 마음의 눈을 가지지 못했기 때문이다. 마음의 눈으로 보고자 하는 것은 어려운 수신을 요구한다. 다른 하나는 도를 어느 한 관점으로 보려는 편견의 눈을 경계해야 한다는 점이다. 도는 흐르는 물과 같아 딱딱한 이념이나 관념적 지식의 눈으로는 튜닝을 맞출 수가 없다. 정치에 나아가기 위한 훈련이 얼마나 지난한 일인가를 엿볼 수 있다. 문제가 보다 명확해진다. 정치에 나아가지 말아야 할 사람이 시방 한국 정치 장에는 너무 많다는 점이다. 정치란 이렇게 실체를 보거나 듣거나 잡으려는 대부분의 시도들을 어긋나게 한다. 그 자체가 살아 움직이는 복잡한 무엇을 내포하고 있기 때문이다. 이를 이해하기 위해서는 깨달아야 (수신) 하고, 감히 그 각성한 자가 겸손하게 정치에 임할 때 인간의 정치가 가능한 출발을 할 수 있다. 정치의 시대정신이 달라지더라도 이 메커니즘은 불변인데, 노자는 그 불변의 정치적 이데아를 포괄적으로 도라 호명했다. 관찰해볼 때 노자의 정치적 궁극은 소국과민으로 통칭되는 꼬뮌적 공동체에 가깝다. 가시적으로는 더욱 복잡화되었고, 특히 자본과 시장, 나아가 국가의 결합이 개체적 수준에서의 한 인간을 기계화한 일상의 반복 속에서, 꼬뮌의 비전은 매우 공소한 느낌이 없지 않다. 여기에 더하여 강고한 분단체제가 70년 이상 지속되면서 이 메커니즘을 축으로 진행된 사회적 관계의 재편성은 특히 남과 북 공히 강력한 국가주의를 구축한 상태로써 이를 해체하는 작업 또한 길고 험난한 과제이다. 과제의 첫 단추로 그래서 현재 지리멸렬한 상태로 굴러가고 있는 지역 자치를 혁명적으로 해체하고 재구조화하는 과정이 필요하다. 그렇게 하기 위한 배경의 성숙이 조성되었다는 생각이다. 말하자면 정치꾼의 정치를 시민의 정치, 생활정치, 일상의 정치로 바꾸는 프레임 전환 작업과 함께, 디지털 메커니즘을 다양하게 접목하는 새로운 형태의 생활민주주의를 실천하는 작업의 활성화가 가능할 수 있다. 이를 통해 남한의 경우 현단계 병영국가주의로 고착화된 정치의 구조를 바꾸는 과정의 정치를 지속적으로 전개해볼 수 있다. 분단체제에서의 이 죽임의 정치를 생명의 정치로 전환하기 위한 이상을 노자의 모티브가 질료로 제공하는 것처럼 보인다.

제15장

도는 마침내
내 안에 있다

古之善爲士者, 微妙玄通, 深不可識. 夫唯不可識, 故强爲之容.

豫焉, 若冬涉川.

猶兮, 若畏四隣.

儼兮, 其若客.

渙兮, 若氷之將釋.

敦兮, 其若樸.

曠兮, 其若谷.

混兮, 其若濁.

孰能濁以靜之徐淸, 孰能安以久動之徐生, 保此道者不欲盈.

夫唯不盈, 故能蔽不新成.

현자(혹은 노자)는 미묘현통한 바, 그 내면의 깊이를 알 수 없다.
살얼음판을 건너는 (아이의) 마음, 진심으로 이웃을 사랑하는 마음, 통나무처럼 순박한 마음, 계곡의 흙탕물 속을 투명하게 들여다 볼 수 있는 마음, 그 투명한 응시가 불사조 같은 도의 새로움이다.

✻ ✻ ✻

그러나 도는 특별히 노자나 공자의 높은 깨달음 속에만 존재하는 것이 아니다. 모든 살아있는 민중의 삶 속에 혹은 고민하는 실존의 내면에서 미명의 에너지를 만날 수 있다. 그렇다는 점에서, 도가 어떤 종교라면 『미륵하생경(彌勒下生經)』의 그것과도 맥락을 공유할 수 있을 것이다. 대체로 많은 종교가 내세, 죽어야 산다는 패러독스의 프레임에 충실하고자 한다면, 노자의 도는, 우리가 흔히 말하는 것처럼 허황된 음풍농월이나 특별한 성인의 깨달음 유사한 것으로 오해하는 경우가 허다한데, 오히려 그 반대다. 치열하게 현실과 마주하고 그 날것의 상태에서 자신과 정면으로 대결하고자 하는 내 안의 혁명으로부터 출발하는 사상

善爲士者 현자 정도로 해석했으나, 도에 가까운 사람이므로 노자 자신으로 혹은 노자에 버금하는 깨달은 사람으로 읽는 것이 가장 무방할 것 같다.

微妙玄通 두루 통달함에 이른 수사적 언술. 특히 현통은 노자의 도를 묘사하는 수사적 표현.

四隣 주위의 모든 이웃. 이웃하여 있는 나라(들).

敝 覆蓋와 같은 뜻(王弼). 하천에 덮개를 씌워 보이지 않게 함.

이자, 그것의 실천 덕목이다. 그러므로 감히 도교는 내 안의 혁명을 통하여 우리의 혁명으로 나아가려는 정치적 교리를 은유하고 있다고 할 수 있다. 우리는 그 교리의 높은 메타포를 쉽게 접근하기 어려울 뿐이다. 왜 그럴까. 피상적 삶에 휘둘리는 오늘의 일상, 그 일상에 함몰된 개체의 분열적 삶이 문제인 것이다. 그 분열을 넘어서기 위해서는 거의 한계에 이른 근(현)대 자본주의의 착취 구조와 그것을 감싸고 있는 오염된(이데올로기화) 언어를 투명하게 응시할 수 있는 지혜와 용기(공부)가 필요하다. 노자는 그 숙주가 될 모티브를 던져준다.

제16장 ——————————— 상호부조와
　　　　　　　　　　　　　　꼬뮌

致虛極, 守靜篤. 萬物竝作, 吾以觀復. 夫物芸芸, 各復歸其根.
歸根曰靜, 是謂復命, 復命曰常, 知常曰明. 不知常, 妄作凶.
知常容, 容乃公, 公乃王, 王乃天, 天乃道, 道乃久, 沒身不殆.

도의 근원인 비움의 궁극에 이르면 고요함(/천명)을 더욱 신실하게
할 수 있다. 이는 만물은 함께 서로를 키운다는 상호부조의 원리
처럼, 근원으로 돌아간다는 진리를 깨닫게 되는 것이다. 삼라만
상은 모두 그 근원으로 돌아가게 되어 있는데 이를 '정(靜)'이라
한다. 생명은 모두 죽음에 이른다는 진리를 가로되 '복명(復命)'이
라 한다. 복명, 즉 천명을 '상(常)'이라 한다. 이를 일러 '명(明)'이
라 하며, 세상의 이치에 눈을 뜨게 되었다고 말한다. 그 이치를
알지 못하면 삶이 공허하고 사악해진다. 도의 이치를 아는 것을
'용(容)'이라 한다. 도의 이치를 삶으로 받아들이는 것을 '공(公)'이

라 한다. 그 도의 이치로 사는 삶은 곧 내가 가장 존엄하게 되는 삶이다. 그 삶이 곧 천명을 따르는 삶이요 마침내 도를 실천하는 그것이다. 그런 삶은 비록 육신은 죽어도 영원히 사는 삶이다.

* * *

자연의 섭리를 거스르지 않는 삶이란 무엇일까. 그것에 대한 통찰은 우리에게 어떤 삶을 요구하는가. 오늘의 정치에 나아가기

萬物竝作 만물은 서로 돕는다. 王弼은 '動作生長' 정도로 이해하고 있는데, 더 깊은 맥락은 만물은 심지어 먼지, 공기까지도 지구와 우주를 감싸고 있는 모든 것들은 서로 의지하고 도우며 함께 살아가고자 한다,로 해석해야 한다. 과학적으로 뿐만 아니라 인식론적으로도 특히 동양적 삶과 사유는 자연의존적이며, 자연과 더불어 살아가야 하는 공존의 지혜를 축으로 한다. 그리고 모든 생명은 근본적으로 의타적이다. 열역학 제2법칙 '엔트로피는 증가한다'가 그 결정적 단서이다. 그러니 생명의 지속을 위해서는 서로 돕지 않으면 안 된다. 그런 점에서 정복과 약탈, 에너지의 무한 탐욕으로 구축된 근대 이후 서구 자본주의는 이에 반하는 반생명주의이다. 그 반생명주의가 지배하는 지구촌의 미래는 죽음의 궤도 위에 올려진 폭주기관차와 다르지 않다. 근본적인 삶의 전환이 요구되는 시점에 와 있는 것이다.

芸芸 매우 다양하고 많은 상태.

靜 고요함. 혹은 죽음.

復命 天命으로 의역할 수 있다. 노자가 말한 천명은 하늘의 도이며 그 도는 玄妙함 자체이다.

明 깨닫다.

容 常 즉 道의 근원을 알게 되면 삼라만상의 삶을 모두 받아들이게 된다는 뜻.

公 가장 귀하게 여길 만한 것. 도의 원리를 알게 됨으로써 세상 만물의 이치를 깨닫고 삶과 죽음이 함께 한다는 천명을 수용함으로써, 마침내 자신이 왕처럼 존엄한 삶의 상태에 도달하게 될 수 있다.

위해 물어야 할 주요한 자문이자 계율인 셈이다. 그 계율의 실천 원리가 만물은 서로 어울려 살아간다는 상호부조론이다. 인간은 근본적으로 엔트로피 법칙에 지배받는 불안전한 '보생명co-life'의 존재이기 때문에 외부로부터 지속적으로 에너지를 보충 받아야 생명을 유지할 수 있다. 이 과학적 진리를 깨달을 때 지구 전체를 구성하는 요소들에 대한 엄중한 경외심과, 나와 이웃에 대한 자애의 마음을 지니게 된다. 인간의 사회적 삶과 더불어 모든 생물의 생명성에 대한 이해에서 함께 해야 한다는 원리는 케슬러나 크로포트킨의 상호부조론의 모태가 된다. 자연의 주요한 법칙으로 케슬러는 생명있는 것들의 생존에 상호투쟁보다는 상호부조의 원리가 궁극적 방식임을 주창한다. 이는 공동체 삶의 주요한 생물학적 원리이자 덕의 실천 강령이다. 왜 함께 살아야 하는가. 이 질문은 다시 돌아가 인간이 구성하는 사회의 최초 공동체의 정치 구조는 근본적으로 어떻게 구성되어야 하는가에 대한 질문으로 수렴된다. 흔히 게마인샤프트로 통칭되는 '자연의 정치' 원리에 가까운 꼬뮌을 상가하지 않을 수 없다. 꼬뮌은 아나키에 근접한다. 아마도 노자가 그리는 군대의 구조와 활용방식을 규정하고 있는 모습과, 필드웍을 통해 확인된 최근까지의 자연마을 공동체에서 엿보이는 소국과민이 이와 유사한 것이 아닐까 판단한다. 우리는 이 소국과민의 현대적 재구조화를 여러 형태로 실험해볼 단계에 와 있다. 그 실험이 생명을 살리는 거의 유일한 지혜와 방법이기 때문이다.

제17장

정치의 최종심급은
시적 언어를 향한다

太上下知有之, 其次親而譽之, 其次畏之, 其次侮之. 信不足,
有不信, 猶兮其貴言. 功成事遂, 百姓皆謂我自然.

최상의 정치는 정치가 없는 듯한 정치다. 좋은 정치는 겨우 시민
이 칭찬하는 정치다. 최악의 정치는 공포를 조성하는 정치, 조롱
을 당하는 정치다. 정치에 나아가 신뢰가 무너지면 짐승의 정치
로 추락한다. (그렇기 때문에) 최고의 정치를 꿈꾸는 정치가는 말의
신뢰를 쌓는 노력을 경주해야 하고, 정치를 함에 무위의 덕목을
반드시 지녀야 한다.

太上 천자, 가장 뛰어난 것. 大人(王弼).

* * *

노자의 도덕경을 지배하는 단 하나의 키워드는 단연 정치다(약간의 차이가 있긴 하지만 아마도 들뢰즈나 랑시에르 등이 직시한 생명정치, 미학적 정치). 그 정치는 최종심급에서 언어의 수사학을 통해 시적 언어의 이해와 실천으로 완성된다. 그런 면에서 그는 정치를 문학과 예술의 경지로 끌어올린 위인이다. 문학과 예술의 경지란 언어의 수사학에 대한 높은 수련을 의미한다. 그런데 이것이 바로 문제다. 언어적 자질은 뛰어난 재능을 포함하여 절차탁마대기만성의 인내와 내면을 수양해야 하는 각고의 고통을 수반한다. 이 시간을 견디는 일이 정치에 입문하기 위한 필연의 조건인 것이다. 이 과정의 훈련이 삭제된 짐승들이 우굴거리는 한국의 정치판은 그러므로 반드시 시민의 고통을 강요하게 되어 있다. 탐욕과 얄팍한 궤변이 난무하는 오늘의 한국 정치에 시민이 신음하는 것은 췌언할 필요가 없는 것이다.

제18장

자본 사회와
분열증(2)

大道廢, 有仁義, 智慧出. 有大僞, 六親不和, 有孝慈. 國家昏
亂, 有忠臣.

도가 땅에 떨어지면(인간이 짐승의 상태로 바뀌면) 인과 의를 필요로 하
고 지혜를 구하게 되어 있다. 악이 만연하게 되면 육친 사이까지
골육상쟁을 해, 효와 자애를 간구하게 되어 있다. 궁극적으로 국
가가 혼란해지면 간절하게 좋은 정치를 대망한다.

大道 가장 큰 도는 어떤 도인가. 아마도 여기서 大는 孔子의 仁, 義, 禮, 智를 넘어서
는 위계에 위치하는 것으로 보인다. 그러니까 道가 仁義禮智와 같은 구체적인 규
범보다 더 큰 범주의 것이라는 의미로 읽는다.

大僞 큰 악으로 읽는다.

昏亂 混亂과 같은 뜻이다.

六親 父子兄弟夫婦를 일컫는다.

＊ ＊ ＊

자본주의는 인간 주체의 내면적 분열을 필연적으로 동반한다. 그
것은 착취의 구조를 통하여 지위를 획득하기 때문이다. 착취의
최종심급은 자기 착취를 통한 자아분열과 해체이다. 우리는 바
틀비의(『필경사 바틀비』) 짧은 생애를 통해 이를 비춰볼 수 있다. 자
본의 팽창이 거의 만개할 시기의 뉴욕 한 변호사 사무실에 필경
사로 취업한 바틀비가 보여주는 독특한 화법(~하지 않는 편이 좋겠
다. ~하지 않는 편을 택하겠다)은 자본의 언어로 무장한 변호사와 시
스템에 혼란(균열)을 가져온다. 상투어의 단순 반복임에도 불구
하고, 그의 언어가 생명의 언어이기 때문이다. 그러니까 변호사
를 비롯한 그를 둘러싼 사람들의 언어가 죽임의 언어인 셈이다.
그 균열의 절정에서 바틀비가 세계의 모든 탐욕스런 자본과 정치
에 충격하는 것은 자발적 죽음이다. 그 죽음은 상징자본이 포획
한 언어와 체제에 저항한 한 숭고한 인간의 표상, 죽어도 결코 죽
지 않는 표상으로서의 십자가이다. 마침내 들뢰즈는 그 죽음을
'성스러운 예수'로 묘사했다. 자본주의 이전의 사회체제가 도의
유/무로 국가와 사회의 지속성을 논했다면, 이후의 체제를 구성
하는 관건은 자본이다. 자본을 어떻게 관리하고 조세를 어떻게
기획하고 실행할 것인가가 사회적 삶, 궁극적으로 한 실존의 주
체적 삶의 지속성을 판단하는 핵심이다. 들뢰즈는 자본이 가져
오는 분열증을 변질된 가족이데올로기와 결합한 현재의 체제에
서는 극복 불가능하다고 판단한다. 그렇다면 자본주의 이후를

생각해볼 수는 없는 것일까. 우리는 그것의 가능성을 노자적 사유의 모티브로부터도 빌려올 수 있다.

제19장

비움에 대하여

絶聖棄智, 民利百倍. 絶仁棄義, 民復孝慈. 絶巧棄利, 盜賊無
有. 此三者以爲文不足. 故令有所屬, 見素抱樸, 少私寡欲.

정치에 나아감에 가식과 거짓을 버리면 시민정치를 회복할 수 있
다. 온갖 술수와 탐욕이 난무하면 도적이 들끓게 되어 있다. 그
러므로 정치가는 천명을 무겁게 받아들이고, 분수를(素樸) 알며,
탐욕을(私慾) 자제할 수 있어야 한다.

聖智 여기서 聖과 智는 특히 전자는 '聖智, 才之善也, 仁義, 之善也(王弼)를 참조.
文不足 글로(언어) 다 표현하기 어렵다. 이른바 不立文字.
素樸 거짓, 꾸밈없이 순수하고 자연스러움. 素朴.

* * *

지속적으로 비움을 수행할 수 있을까. 그런 의미에서 노자의 비움은 공허하고 불가능한 것처럼 보인다. 그러나 과연 그런가. 우리는 이 질문에 대해 응시해야 할 필요가 있다. 비운다는 것의 지혜를 어떻게 구할 것인가. 정치적 덕목이자 수양의 관건이다. 그러나 한편으로 보면 아주 간단한 진리다. 나아가기 전에 돌아갈 준비를 하는 것, 자본의 탐욕이 궁극적으로 자기 착취에 의한 자기죽음으로 향한다는 명확한 사실을 직시하는 것이다. 아마도 개량적이긴 하나 현대사회에서는 막스 베버의 『프로테스탄티즘의 윤리와 자본주의 정신』이 하나의 유효한 준거가 될 수도 있을 것이다. 다시 말해 기독교 문명과 근대 자본주의의 결합이 서구 자본주의를 꽃피우는 데 결정적 기여를 했지만, 그것이 새로운 종교 형태 형태로 기능하는 국면에서 도리어 균형과 조화, 절제와 인내를 바탕으로 한 프로테스탄트적 긴장이 근대인에게 간절히 필요했던 '보이지 않는 손'으로 작용할 수 있다고 봤다. 그 소망을 프로테스탄트적이라고 할 때, 그 심연에 흐르는 정조는 엄격한 자기 절제와, 노동을 통한 자본 축적이 가져온 주체적 삶의 확보와, 이를 통한 자율적 공동체의 진정한 복원이었다. 자본이 끝없는 욕망을 추구하는 본능을 안고 있긴 하지만, 그것으로 오늘의 자본주의 체제가 완성된 것이 결코 아니라는 반증이기도 하다. 이 모순, 이 역설의 논리가 비움의 현대적 실체다. 그러나 그 실체의 지속을 위해서나 다른 삶을 위해서나 모두 필요한 덕목은 다시 한 번 강조해 절제와 인내의 미덕이다. 그것이 현재적 의미에서의 한 실존이 자기 삶에서 행할 수 있는 비움의 진리치에 값한다.

제20장

정치(가)와
고독

絶學無憂. 唯之與阿, 相去幾何. 善之與惡, 相去何若. 人之所
畏, 不可不畏. 荒兮其未央哉. 衆人熙熙, 如亨太牢, 如春登臺,
我獨泊兮, 其未兆, 如嬰兒之未孩. 儽儽兮, 若無所歸, 衆人皆
有餘, 而我獨若遺, 我愚人之心也哉. 沌沌兮, 俗人昭昭, 我獨
若昏, 俗人察察, 我獨悶悶. 澹兮, 其若海, 飂兮, 若無止, 衆人
皆有以, 而我獨頑似鄙. 我獨異於人, 而貴食母.

배움을 그치면 근심을 덜 수 있는가. 지혜와 무지, 선과 악, 평화
와 공포가 어떻게 공존할 수 있을까. (전제 자체가) 황당한가. (혹은)
모든 사람들이 상춘의 봄을 완상하기 위해 정자에 올라 잔치를
즐기며 희희낙락할 때, 홀로 웃음기 없는 어린애처럼 처할 수 있
는가. (그리하여 마침내) 돌아갈 집조차 없는 고아처럼 행할 수 있는
가. 모든 사람들이 여유롭고, 명랑하며 즐거운데 홀로 이리석게

도 그렇게 하지 못하는 이유는 무엇인가. 오호! 바다와 같고 고요한 바람과 같은 (마음이여!), 모두가 즐거울 때, 홀로 완고하고 아량이 좁은 것 같이 보이는 나, (그것이) 식구의 밥을 걱정하는 어미의 마음인가.

＊ ＊ ＊

정치(가)는 고독한 것이다. 그것은 민중의 마음을 헤아리기 어렵기 때문이 아니고, 스스로 늘 그것을 향한 결단의 단두대에 서야 하기 때문이다. 그 결단을 위한 마음이 '식모(食母)', 그러니까 민

絶學無憂 해석의 집중력이 고도로 요구되는 장이다. 맥락적 독서에서 '배움을 그치면 걱정이 없다'라고 해석할 수 있으나 그렇게 하게 되면 많은 설명을 하고 나서도 목적하는 결과에 이르지 못할 가능성이 농후하다. 그래서 궁여지책으로 '배움을 그치면 근심을 덜 수 있겠는가?'라는 도발적 질문을 취해보는 것이 어떨까 제안한다. 그래야 말미의 '食母'의 의미가 제대로 해독될 수 있기 때문이다.

唯 예, 하고 지극히 공손하게 답하다.

阿 대답하는 소리 아.

太牢 나라에서 벌이는 큰 잔치(소를 잡을 만큼). 태뢰. 大牢.

儽儽 게으르다. 고달프다. 내/래.

孩 (어린애가) 웃다.

沌沌 어리석고 어리석다.

遺 여기서는 바쁘다.

鄙 아량이 좁다 비.

澹兮 飂兮 도의 경지에 가까운 상태를 일컫는다. 깊고 고요함이여!

食母 '生之本也'(王弼).

중의 삶을 어떻게 헤아릴 수 있을까에 대한 지속적인 고민으로 수렴된다. 밝은 눈과 귀, 투명한(각성한) 마음을 지니지 않고서는 불가능한 정치 지도자의 결단을 위한 수신은 한국 정치를 처음부터 다시 시작해야 한다는 과제로 회귀시킨다. 식모의 고귀한 마음이란 그러므로 민중의 생활을 편안하게 할 수 있는 마음, 정치에 나아가기 위해서는 한 끼의 밥을 준비하는 어미의 마음과 같이 숭고하고 신성해야 한다는 것으로 비유될 수 있다.

제21장

'기관없는 신체'와
잠재성

孔德之容, 惟道是從. 道之爲物, 惟恍惟惚. 惚兮惶兮, 其中有象. 恍兮惚兮. 其中有物. 窈兮冥兮, 其中有精. 其精甚眞, 其中有信. 自古及今, 其名不去, 以閱衆甫. 吾何以知衆甫之狀哉, 以此.

텅 비어 있는 모습으로의 덕은 오직 도의 원리에 기초한다. 만물을 돕는 도는 황홀함 그 자체이지만, 어떤 형상을 가지고 있는데, 그 형상은 부화하기 전의 알의 상태처럼 충만한 에너지(생명) 덩어리이다. 그 에너지 그러니까 어떤 '잠재성(혹은 미명)'이 무한한 생명력의 원천이자 희망이다. 도가 그것을 가능하게 하는 힘이다.

* * *

도의 신비에 대해 말하지만 더 명확하게 말하면 에너지의 원천, 다시 말해 전쟁의 시대에 임하여 죽임이 일상인 현실에서 생명을 지속하게 하는 힘이 무엇인가에 대한 응시라고 말할 수 있다. 그러니까 노자의 도는 실천 원리로서 무위자연으로 압축되는 덕을 거느리고 있는데, 이 메커니즘이 들뢰즈/가타리가 강조하는 새로운 삶과 생명의 세계로 나아가기 위한 긍정의 에너지인 '기관없는 신체'와 유사하다. 노자가 미명(微明)이나 박명(薄明)의 상태, 어둠과 빛의 경계 사이를 운동하는 강렬한 에너지를 강조하듯이, 기관없는 신체는 무엇이 '되기' 위한 최고의 강밀도 상태에 도달한 생명이다. 그 생명은 무한한 잠재성 그 자체이며 그렇기 때문에 무한 긍정의 생명력을 내포하고 있다. 우리는 이 생명력의 잠재성에 대한 응시가 노자를 다시 읽는 중요한 모티브라고 판단한다. 근대 국가주의와 자본주의가 파괴한 온전한 주체되기로서의 나

窈兮冥兮　여기서는 薄明의 상태. 노자의 도를 박명의 상태에 비유할 수 있다. 들뢰즈는 '잠재성'이라 칭하고 '알'의 상태('기관없는 신체')로 묘사한다. 무엇으로 '되기' 바로 전의 규정하기 어려운 가장 강력한 에너지의 상태이자, 어떤 경계의 사이에 있으며, 한마디로 표현하기 어려운 생명의 최고 상태이다. 유사한 어법 寂兮寥兮 고요하고 그윽하다. 소리도 형체도 없다.

精　여기서는 精液, 혹은 精髓.

窈兮冥兮, 其中有精　기관없는 신체, 혹은 알(잠재성)의 상태. 玄妙, 玄牝이 관련 해석의 모티브다.

衆甫　物의 始(王弼). 혹은 근원.

의 생명을 어떻게 회복할 수 있을까. 그 질문의 중심에 노자의 생명관이 있다. 그것은 병영국가주의로 겹겹이 포획된 분단체제와, 위험 수위에 이른 자본주의의 결과로 반생명 상태에 놓인 한반도의 생명력 회복을 위한 프로젝트의 사다리로 기능할 수 있다. 그 사다리를 통해 우리는 먼저 '내 안의 혁명'으로 나아갈 수 있다. 아마도 그 혁명의 모티브를 극대화한 텍스트가 『동경대전(東經大全)』이 아닐까 한다. 이 텍스트도 관습과 관행에 의해 여러 형태로 오염되어 있는데, 텍스트의 핵심은 '모심'(노자의 도와 같은 위계의 주제어), 확대 해석하면 사랑이고, 궁극적으로 생명이다. 민중의 삶이 극도의 도탄에 빠진 조선 후기의 상황을 면밀하게 추적해볼 수도 있는 이 텍스트의 사랑이 최종심급에서 노리는 것은 혁명이다. '내 안의 혁명'으로부터 '우리'와 '체제'의 혁명으로 나아가는 질적 확산과 진화의 원리로서의 생명적 에너지의 거대한 흐름이 그것이다. 따라서 이 21장의 모티브는 동학 경전에 여러 형태로 리트머스화되거나 상호텍스트성으로 교환되고 있다는 심증을 가질 수 있는데, 가령, '도지위물(道之爲物), 유황유홀(惟恍惟惚)', 즉 도는 실체가 있는 것 같기도 하고 없는 듯 황홀함 그 자체이다. 황홀(恍惚)은 '없는 듯 있고, 있는 듯 없으며, 없지 않으면서 없고 없으면서 없지 않으니, 있고 없음이 정해지지 않았으므로 황홀이라'(성현영) 한다는 대목에 이르면, '由其然而看之 則其然如其然 探不然而思之 則不然于不然…… 是故 亂必者 不然 易斷者 其然 比之於究其遠 則不然不然 又不然之事 付之於造物者 則其然其然 又其然之理哉'(그러한 이치로 보면 그렇고 그러하지만, 그렇지 아니한 이치로 찾아보면 그렇지 않고 또 그렇지 아니하다…… 이런 연유로 단정하기 어려운 것이 그렇지 아니함이요, 쉬이 단정할 수 있는 것이 바로 그러함이다. 근원을 탐구해 견줘보면 그렇지 않고 그렇지 아니하며 또 그렇지 아니한 일이요, 만물을 만든 존재에 의지해 보면 그렇고 또 그러한 이치가 된다)라고 기술되고 있는 '불연기연(不然其然) 편'과 비교해보면 놀랄 만한 몇 암시를 받을 수 있다. 노자의 언어가 동학에 어떤 형태로 스며있는가는 그러므로 더 적극적으로, 더 면밀한 관찰이 필요하다.

제22장

근대적 사유
혹은 남성성의 이면

曲則全, 枉則直, 窪則盈, 敝則新, 少則得, 多則惑. 是以聖人, 抱一爲天下式. 不自見故明. 不自是故彰, 不自伐故有功, 不自矜故長. 夫惟不爭, 故天下莫能與之爭. 古之所謂曲則全者, 豈虛言哉, 誠全而歸之.

휘면 오히려 온전할 수 있다. '왕/직, 와/영, 폐/신, 소/득, 다/혹'은 대립이 아니라 보충, 대리, 상호부조 관계다. 도의 실천으로서의 덕의 궁극은 부유부쟁에 있다(함께 살아가는 지혜). 그것이 생명(삶)의 진리이다.

抱一　여기서 一은 '一, 小之極也'(王弼)
自見　스스로 뽐내다(드러내다). 자현.
自伐　자신이 자신을 침. 스스로 공치사함.
窪　우묵하다. 웅덩이 와. 여기서는 비어 있다.

＊ ＊ ＊

서구/비서구, 남성/여성, 백인/비백인의 대립적 사고와 제도로 구축된 근대적 이데올로기는 인간을 획일화함으로써 마침내 반생명의 일상을 낳았다. 생명력의 한계에 봉착해 있다. 우리는 그것이 여러 형태의 노동착취를 위한 싸움(전쟁)의 형식으로부터 기인한다고 판단하고 있다. 노자적 사유는 근본적으로 이중구속의 그것이다. 그것은 대립쌍이 선택을 위한 것이 아니라 포용을 위한 원융무애의 사유이기 때문이다. 그렇기 때문에 노자는 근대적 제도와 일상에서 밀려난 잉여와 주변적인 것에 무한 애정과 생명력을 불어넣는다. 우리는 그것을 단순하게 이성(남성)중심주의와 반인간주의에 대한 대안의 사유라고 불러도 좋다. 직선, 힘, 밝음, 효율, 소유욕, 합리성 등으로 웅변되는 근대적 삶과 사회가 지배해온 이데올로기는 국가와 자본으로 압축된다. 전자가 지닌 폭력성과 획일은 후자와의 결합을 통해 개별적 실존의 착취를 통한 억압의 시스템으로 환원된다. 자본의 폭력이 최종심급에서 한 인간에게 가하는 것은 그러므로 자발적 착취를 통한 내면의 분열이다. 분열된 인간은 결국 '소진된 인간'(들뢰즈)으로 귀결될 수밖에 없다. 이에 대한 통찰이 필요한데, 우리가 노자적 사유를 새로운 삶의 패러다임을 위한 모티브로 수용하게 되는 지점이 바로 여기다.

제23장

'취우'와 생명력

希言自然, 故飄風不終朝, 驟雨不終日. 孰爲此者, 天地. 天地
尙不能久, 而況於人乎. 故從事於道者, 道者同於道, 德者同
於德, 失者同於失. 同於道者, 道亦樂得之, 同於德者, 德亦樂
得之, 同於失者, 失亦樂得之. 信不足焉, 有不信焉.

자연은 무위로 만물을 살린다. 인간의 사회적 삶에서의 생명의
신비를 무엇으로 설명할 수 있을까. 문부족(文不足)이다. (생명 현상

希言   여기서는 '말로 표현하기 어렵다'라고 해석하는 것이 자연스럽다. 希言自然은
'자연은 언어로는 정확하게 표현하기 어렵다'라고 직역될 수 있으며, 이는 더 나아
가 사유의 시적 상황을 암시한다. 이중구속된 언어인 것이다. 노자도 그 현상을 단
정적으로 표현하는 것의 어려움을 토로한다.

飄風   회오리 바람.

驟雨   소나기. 염상섭의 6·25 발발 3개월간을 그린 장편소설의 제목으로 유명하다.

은 지속적으로 변화의 과정 속에 있기 때문에 단정적인 설명이 어렵다는 것이다. 그 어려움의 내면을 알고 실천하는 것이 그러므로 중요하다.)

∗　∗　∗

『취우』(염상섭)는 6·25 발발 후 약 3개월여의 서울의 일상을 묘파하고 있는 뛰어난 소설이다. 작가의 탁월성은 전쟁을 묘사하는 성숙한 시선으로부터 기인한다. 막상 전쟁이 터지자 북진통일을 호언장담하던 이승만은 대전까지 한걸음에 야반도주한 후 한강 다리 폭파를 지시하고, 군대는 연전연패하며, 호시탐탐 기회를 엿보다 순식간에 부활한 친일 관료와 토착 지주들은 도망가기 바쁜 와중에, 그 도주에서 밀려나 다시 서울로 복귀한 강순제와 신형식 일당이 보여주는 전시 하 일상은 우리의 상상을 간단하게 배반한다. 달러는 넘쳐나며, 댄스홀은 여전히 붐비고, 시장은 질긴 생명처럼 이어진다. 전쟁 하에도 삶은 지속된다는 응시를 통해 작가는 오히려 전쟁이 한줄기 소나기에 지나지 않을 수도 있다는 의문을 던진다. 작가의 의도와 상관없이 우리가 여기서 보게 되는 것은 일상의 생명력이다. 그러니까 국가주의에 종속된 인민이 겪고 느끼고 상상하는 삶의 허구성과 달리, 어떤 상황 하에서도 생명은 질기고 강인하게 이어진다는 진리를 『취우』는 핍진하게 묘파하고 있는 것이다. 아마도 우리는 이를 시장의 성화라고 불러도 무방할 것이다. 관찰이 필요한 것은 이 시장의 성화가 가능한 생명현상을 어떻게 읽어야 하는가이다. 우리는 그것이 무위의 덕성이 아닐까를 유추해볼 수 있다.

　　　　　　　　노마드적 사유

企者不立, 跨者不行, 自見者不明, 自是者不彰, 自伐者無功,

自矜者不長. 其在道也, 曰餘食贅行, 物或惡之, 故有道者不處.

도는 거처를 만들지 않는다. 벡터적 힘을 내재하고 있으므로 끊

임없이 운동한다.

企　꾀하다. **跂**(육발이, 발돋음하다).

跨　빼앗다. 소유하다.

贅行　쓸데없는 행동, 췌행.

삶이란 지속적인 운동의 과정 속에 있다. 완성되지 않으므로 그 불안함을 껴안고 지속적으로 불투명한 미래를 향해 생명의 활동을 지속해야 한다. 그 인식이 우리를 살아있게 한다. 도 또한 그런 것이다.

제25장 　　　　　　　　　　물(物)의 자연과
　　　　　　　　　　도

有物混成, 先天地生, 寂兮寥兮, 獨立不改, 周行而不殆, 可以
爲天下母. 吾不知其名, 字之曰道, 强爲之名曰大, 大曰逝, 逝
曰遠, 遠曰反. 故道大, 天大, 地大, 王亦大, 域中有四大, 而王
居其一焉. 人法地, 地法天, 天法道, 道法自然.

도의 본래 모습은 자연이다. 다시 말해 유물혼성, 혹은 적혜요혜
상태의 어떤 것과 같다.

有物混成　　우주의 신비를 정확하게(거의 과학적으로) 읽은 노자의 혜안을 엿볼 수 있다.
寂兮寥兮　　소리와 형체가 없는 잠재적 생명의 상태.
逝　　한없이 나아가다 서. 行과 같은 뜻(왕필).
遠　　極과 같은 뜻(왕필).

* * *

면밀하게 살펴보아야 할 것은 도가 아니라 자연이다. 여기서 자연은 인간에게 대상으로 존재하는 물리적 자연이 아니라 상태나 속성을 서술하는 개념으로 사용되고 있다는 인식의 전환이 필요하다. 그 인식 속에는 도가 스스로 그러함을 형용하는 '도의 자연설'과, 만물이 스스로 그러함을 의미하는 '물의 자연설'을 함께 포괄하고 있다. 그렇다면 물의 자연설을 통해 우리는 상호부조론의 동력을, 더 나아가 아나키적 거버넌스로서의 마을꼬뮌을 기획—설계하는 단계에까지 나아갈 수 있을 것이다.

그렇다면 도의 정체는 무엇인가. 유물혼성(有物混成)과 적혜요혜(寂兮寥兮)가 압축적으로 암시하는 것은 우주 전체의 운행 원리를 관통하는 생명의 질서에 대한 것이다. 플라톤의 이데아와도 흡사한 그것은 지난한 훈련 과정을 거쳐 깨달아야 할 어떤 것에 가깝다. 그러니까 정치에 임하기 위해서는 오래고 고된 훈련 과정이 요구될 뿐 아니라, 그것보다 더 중요한 것은 어떤 깨달음의 경지를 기꺼이 실천하는 덕의 실체를 체득해야 한다는 점이다.

제26장

댓구법,
혹은 이중구속

重爲輕根, 靜爲躁君. 是以聖人, 終日行, 不離輜重. 雖有榮觀, 燕處超然. 奈何萬乘之主, 而以身輕天下. 輕則失本, 躁則失君.

정치에 임하여 왜, 어떤 정치를 해야 할지에 대한 철학이 준비되어 있지 않으면, 마침내 국민이 외면하게 된다. 즉 정치에 임하여 부화뇌동하면 스스로를 망치고, 판단이 흐려지면 나라가 흔들린다.

輜重　말이나 수레 따위에 실은 짐. 치중.
失本　喪身의 뜻.
失君　지위를 잃는다. 곧 임금의 자리를 빼앗긴다. 나라를 잃는다.

＊　＊　＊

노자 언술의 기본 패턴은 댓구법이다. 1장부터 그것은 지속적으로 등장하는 어법이자 세계인식 방법인데, 우리는 이 어법의 궁극이 대립쌍을 통한 이분법적 세계 이해의 지양이라는 것을 간파하게 된다. 도덕경 기술 방법에 대한 고구에서 가장 중요한 키워드로 평가될 이 스타일에 대한 면밀한 이해는 노자의 세계관을 설명하는 첩경이 될 수도 있다. 그렇다면 노자 이해의 주제어인 이중구속은 이 설명의 핵심 지침을 제공한다.

제27장

인간에 대한
예의

善行無轍迹, 善言無瑕讁, 善數不用籌策. 善閉無關楗而不可
開, 善結無繩約而不可解. 是以聖人常善求人, 故無棄人, 常
善救物, 故無棄物. 是謂襲明, 故善人者, 不善人之師, 不善人
者, 善人之資. 不貴其師, 不愛其資, 雖智大迷, 是謂要妙.

선행은 흔적을 남기지 않고 새겨들을 만한 말은 허물이 없으며
훌륭한 책략은 꾀에서 나온 것이 아니다. 선의의 물러남은 굳이
나아가고자 하지 않아도 성취하게 된다. 또한 잘 지은 매듭은 애
를 쓰지 않아도 풀리게 되어 있다. 이런 까닭으로 성인은 사람을

轍迹　수레바퀴 자국. 철적.
籌策　이해를 타산한 끝에 생각한 꾀. 籌板.
關鍵　문을 잠그는 빗장.

씀에 함부로 대하는 일이 없으며, 만물을 이롭게 한다는 명목으로 함부로 버리는 일이 없다.

※　※　※

노자 언술을 더 면밀히 응시하면 그것이 단순한 자연주의가 아니라 인위적 인간주의에 대한 관찰에 가깝다는 것을 간파할 수도 있다. 그것이 만약 자연주의라면 가령, 전위적 생태주의자들이 외치는 만물평등론이나, 그렇기 때문에 인간이 생태파괴의 원흉이라는 딱딱한 논리에 빠지게 된다. 그런 면에서 노자의 자연주의는 인간과의 교감이 가능할 때의 그것에 가깝다. 뿐만 아니라, 인간을 싸고 있는 환경과의 관계에서 인간이 지켜야 할 포괄적 예의를 지속적으로 강조한다. 그 예의가 『논어』의 그것과는 미시적 차이를 지닌 채, 훨씬 크고 넓은 범주에서의 인간의 사회적 삶과 실존적 차원의 삶을 긴장의 축으로 하는 관계적 삶의 중요성을 반복적으로 주문한다.

제28장　　　　　여성성과 덕
_____

知其雄, 守其雌. 爲天下谿, 爲天下谿, 常德不離, 復歸於嬰兒.
知其白, 守其黑. 爲天下式, 爲天下式, 常德不忒, 復歸於無極.
知其榮, 守其辱, 爲天下谷, 爲天下谷, 常德乃足, 復歸於樸.
樸散則爲器, 聖人用之, 則爲官長, 故大制不割.

자/웅, 백/흑의 관계의 묘함을 볼 수 있으면, 무극(無極)의 상태로
(≒통나무) 돌아갈 수 있다. 좋은 정치적 수양이 바로 이것이다.

❋　❋　❋

음양의 조화를 궁극적으로 실현하는 것은 谿나 谷이다. 여성성
의 원리가 갈등과 분열을 치유하고 마침내 현실의 삶을 조화롭

100

게 할 수 있다. 중용의 정치가 이에 가깝다.

谿 曲神의 의미.

孀 과부 상.

常德不離, 復歸於孀兒 자웅의 그것처럼 상덕은 홀어미와 그 자식의 관계처럼 분리할 수 없는 것.

官長 수령을 높여 부르는 말.

式 본을 삼다(왕필).

忒 틀어지다(差). 어긋나다 특.

樸 眞과 같다(왕필).

 * 여기서 谿나 谷은 모두 여성성, 혹은 생명성을 은유하는 의미를 내재하고 있다. 또 낮은 곳, 겸손, 나아가 부드러운 관용의 정치라는 의미로도 해석 가능하다. 다른 장에서도 지속적으로 반복되는 모티브로서, 도와 같은 위계에서 쓰이는 비유로 이해할 수 있다.

제29장

작위의 한계를
넘어

將欲取天下而爲之, 吾見其不得已. 天下神器, 不可爲也, 爲
者敗之, 執者失之. 故物, 或行或隨, 或歔或吹, 或强或羸, 或
載或隳. 是以聖人, 去甚, 去奢, 去泰.

장차 정치에 나아가려는 자는 '위/패, 집/실, 행/수 허/취, 강/리,
재/휴'의 이중구속적 질서를 반드시 깨달아야 한다. 좋은 정치란
지나침, 오만, 교만을 다스림과 함께 이중구속적 긴장을 유지할
수 있을 때 가능하다.

歔 (숨을) 내쉬다.
吹 (숨을) 들이쉬다.
羸 약하다 리.
隳 훼손하다. 떨어뜨리다 타.
載 물건을 쌓아올리다.

정치에 나아가는 자들의 거개는 예나 지금이나 자신의 잣대로 일을 도모하고, 술수를 쓰며, 흐름을 의도적으로 바꾸려는 행태를 끊임없이 시도한다. 그 결과 정치가 국민을 위해서 있는 것이 아니라, 국민이 정치를 걱정하는 메커니즘이 반복되고 있다. 그러니까 정치는 국민을 위한 직업이 아니다. 그렇기 때문에 직업정치, 전문정치로부터 생활의 정치, 생명의 정치, 자연의 정치로 전환하기 위한 다양한 변화를 시도해야 할 필요가 있다. 노자는 인위적으로 무엇을 꾀하고자 하는 정치에 단호한 선을 긋는다. 그의 정치는 그런 점에서 위/패, 집/실, 행/수, 허/취, 강/리, 재/휴의 대립 사이를 왕래하는 이중구속적 에너지, 혹은 인식적 전환을 강조한다. 이 지난한 과제를 통과한 후 정치에 입문할 수 있는 것이다.

제30장

병영형 국가주의

以道佐人主者, 不以兵强天下. 其事好還, 師之所處, 荊棘生焉, 大軍之後, 必有凶年. 善有果而已, 不敢以取强. 果而勿矜, 果而勿伐, 果而勿驕, 果而不得已, 果而勿强. 物壯則老, 是謂不道, 不道早已.

군대를 부리는 일은 반드시 道로 행해야 한다. 무력으로는 결코 평화를 이룰 수 없다. 그렇지 않으면 반드시 그 대가를 치르게(망하게) 되기 때문이다.

人主   군주국가에서 임금. 우두머리. 춘추전국시대 군주
果   猶濟也(왕필). 구제.
師   여기서는 군사, 군대.

* * *

분단체제 이후 남·북한의 정치, 사회, 문화를 집약하는 지배소는 군사문화, 군사적 정치와 그것의 정점인 왜곡된 국가주의의 발호이다. 국가주의는 정치 지배층과 벌열의 지속적인 권력을 행사하기 위한 가장 효율적인 방편으로 활용될 수 있다. 우리는 군대가 그 국가주의 정치와 문화의 수단으로 활용되고 있음을 직시한다. 간디의 헌법적 발언을 참조할 수 있다. "국가는 농축된 폭력이다. 개인에게는 영혼이 있지만 국가는 영혼이 없는 기계이다. 국가의 존재 자체가 폭력에 유래하기 때문에 폭력에서 유리되는 것은 불가능하다"는 견해를 피력한다. 그 국가의 폭력을 전위에서 수행하는 것이 군대이다. 그의 비폭력주의는 '군대 해산'이 궁극적 평화의 출발점이라는 견해에 도달한다. 특히 군산복합체의 형태를 띤 근대 이후 제국의 군대는 경제, 정치, 법, 문화의 총체적 형식을 지님으로써 폭력의 재생산을 위한 첨병이 되고 있다. 20세기를 통하여 대부분의 군대는 외국인(6845만 2000)보다 자국민(1억 3475만 6000)을 더 많이 죽였다. 이는 "군대가 국민을 외국의 적으로부터 지키기 위해 존재한다는 고정관념과 모순"된다. "세계의 많은 국가에서 군대는 국민과 싸우는 것 이외의 목적을 갖고 있지 않"다. 문제는 그러므로 군대의 비대화는 필연적으로 전쟁을 불러온다는 점이다. "군대의 유일한 상품은 전쟁"이기 때문이다. 자본주의 경제의 하위체제로서의 군산복합체는 국민과 시민을 위해 생산하는 제도라기보다 생산과 파괴의 순환에 기초한 제도이다. '전쟁과 전쟁 준비'는 국가주의 경제시스템의 불가결한 요소가 되는 것이다. 이를 명확하게 직시한 간디의 '자유 인도의 미래를 위한 평화헌법'은 판챠야트에 기초한 '마을 공화국'을 최종심급으로 하고 있다. 그 공화국의 기원은 노자의 소국과민과 근사하게 만날 수 있다. 그가 소국과민의 부족국가에서는 전쟁기계와 군대의 쓰임이 더 이상 필요없다는 견해를 피력할 때, 그 이웃과 이웃으로 연결된 마을들은 늙어 죽을 때까지 서로 넘보지(침략하지) 않는다고 언술한 것도 간디의 마을공화국과 같은 맥락으로 설명된다.

하나의 질문을 던져볼 수 있다. 한반도의 더 나은 미래를 위해 군대는 반드시 필요한 것인가. 그렇다면 적절한 군대의 규모는 얼마여야 할까. 그 군대는 지금과 다른 형식과 내용으로 전환할 수 없는 것일까.

夫佳兵者, 不祥之器, 物或惡之. 故有道者不處, 君子居則貴左, 用兵則貴右. 兵者, 不祥之器, 非君子之器. 不得已而用之, 恬淡爲上. 勝而不美, 而美之者, 是樂殺人. 夫樂殺人者, 則不可以得志於天下矣. 吉事尙左, 凶事尙右, 偏將軍居左, 上將軍居右, 言以喪禮處之. 殺人之衆, 以哀悲泣之, 戰勝以喪禮處之.

부득이 피할 수 없어 전쟁에 임하게 될 때는 상례(喪禮)의 예로 엄중하게 수행해야 한다.

恬淡   욕심없고 마음이 깨끗하다.

* * *

"국가는 농축된 폭력이다. 개인에게는 영혼이 있지만 국가는 영혼이 없는 기계이다. 국가의 존재 자체가 폭력에 유래하기 때문에 폭력에서 유리되는 것은 불가능하다"는 언술은 간디의 '자유 인도의 평화와 미래를 위한 자유헌법'의 핵심을 관통한다. 그가 판단할 때 국가의 폭력을 전위에서 수행하는 것이 군대이다. 특히 군산복합체의 형태를 띤 근대 이후 제국의 군대는 경제, 정치, 법, 문화의 총체적 형식을 지님으로써 폭력의 재생산을 위한 첨병이 되고 있다. 20세기를 통하여 대부분의 군대는 외국인(6845만 2000)보다 자국민(1억 3475만 6000)을 더 많이 죽였다. 이는 "군대가 국민을 외국의 적으로부터 지키기 위해 존재한다는 고정관념과 모순"된다. "세계의 많은 국가에서 군대는 국민과 싸우는 것 이외의 목적을 갖고 있지 않"다. 문제는 그러므로 군대의 비대화는 필연적으로 전쟁을 불러온다는 점이다. "군대의 유일한 상품은 전쟁"이기 때문이다. 자본주의 경제의 하위체제로서의 군산복합체는 국민과 시민을 위해 생산하는 제도라기보다 생산과 파괴의 순환에 기초한 제도이다. '전쟁과 전쟁 준비'는 국가주의 경제시스템의 불가결한 요소가 되는 것이다. 이를 명확하게 직시한 간디의 자유 인도의 미래를 위한 평화헌법은 판차야트에 기초한 '마을 공화국'을 최종심급으로 하고 있다. 그 공화국의 기원은 노자의 소국과민과 근사하게 만날 수 있다. 그가 소국과민의 부족국가에서는 전쟁기계와 군대의 쓰임이 더 이상 필요없다는 견해를 피력할 때, 그 이웃과 이웃으로 연결된 마을들은 늙어 죽을 때까지 서로 넘보지(침략하지) 않는다고 언술한 것도 간디의 마을공화국과 같은 맥락으로 이해된다.

제32장

반복 모티브에
대하여

道常無名, 樸雖小, 天下莫能臣也. 侯王若能守之, 萬物將自
賓, 天地相合以降甘露, 民莫之令而自均. 始制有名, 名亦旣
有, 夫亦將知止, 知止可以不殆. 譬道之在天下, 猶川谷之於
江海.

도는 순박한 통나무처럼 무명이다. 정치에 임하는 자가 이를 깨
달으면 좋은 정치에 이른다.

臣   부리다(蘇子由)
賓   따르다. 복종하다.
譬   비유하다 비.

*　*　*

『노자익(老子翼)』을 비롯하여 20세기의 뛰어난 노자 해석에서 드러나는 결정적 식상함은 이미 번역되었거나 주어졌던 얘기를 지속적으로 반복 구사한다는 점이다. 기왕 언술한 것이지만, 결정적 한계는 언어에 대한 인식의 결여에 있다. 그 결여를 극복하기 위해서는 단순히 언어의 사전적 이해를 넘어서는 훈련과 감각을 필요로 한다. 말하자면 노자를 어떤 인생의 교훈으로 읽거나, 정치적 수사로 이해하거나, 인간 관계의 철학으로 이해하려는 거의 모든 행태에서 그것은 예외가 아니다. 아주 단순하게 말해 32장의 통나무는 19장의 그것, 나아가 37장, 57장의 통나무와 변별적 자질을 지니고 있다. 이 미시적 차이의 응시로부터 가령, 미명(微明)과 도(道)를 같은 위계에서 볼 수 있는 차원의 질적 변화가 일어난다. 그 변화가 개별 생명과 그들 삶의 차이를 만들고, 독립된 주체로서의 인간의 출발을 가능하게 한다. 진정한 의미에서의 민주주의가 또한 이 인식을 모티브로 싹틀 수 있다. 노자를 새로운 세기에 맞이해야 할 민주주의의 한 모티브의 단서로 해석할 수 있다면 그 단서는 과연 무엇일까. 시적 언어의 회복이 필요한 이유이다.

제33장   지족

知人者智, 自知者明. 勝人者有力, 自勝者强. 知足者富, 强行者有志. 不失其所者久, 死而不亡者壽.

존재론적 차원에서 도는 궁극적으로 본래의 나로 돌아가고자 부단히 경주하는 것이라 할 수 있다. 어떻게 돌아갈 수 있는가. 지족(知足)이 그 중 하나가 될 수 있다. 삶의 균형감각을 유지하는 것, 지난하고 멀지만 영원히 사는 길이다.

知   智慧.

明   깨닫다.

有力   싸움에 승리하여 세력을 얻음. 목적을 성취함.

强行者有志   문맥상 자신의 본성을 회복하는 것을 强, 즉 삶의 진리를 깨닫는 것이라 할 때 그 깨달음을 실천하는 것을 强行이라 할 수 있다.

死而不亡者壽   삶과 죽음을 하나의 순환체계로 인식하는 것을 이른다. 초월이나 도의 상태라 할 수 있다.

제34장

웅덩이와 도

大道氾兮, 其可左右. 萬物恃之而生而不辭, 功成不名有, 衣養萬物而不爲主. 常無欲, 可名於小. 萬物歸焉而不爲主, 可名爲大. 以其終不自爲大, 故能成其大.

도란 다시 말해 무욕과 같다. 그리하여 만물이 마침내 모두 돌아가는(수렴되는) 곳, 위대하다.

氾 넘치다. 우묵하다 범. 우리는 여기서 언어의 이중구속을 확인한다. 대체로 범람을 뜻하는 '넘치다'는 의미로 사용되는 이 말은 그러나 노자의 어법 속에 포착됨으로써 채워야 할 움푹패인 공간의 상태, 혹은 시간의 운동을 통해 채워 넣거나 실현해야 할 어떤 것으로 읽어야 할 필요가 있다. 다시 말해 범의 언어적 자질이 이미 넘침과 비움의 이중구속적 자질을 내포하고 있는 시적 언어라는 사실에 주목할 필요가 있다. 그 시적 언어가 생명의 언어이며 에너지를 내포한 언어이다.

大道氾兮 도가 사방으로 흘러넘치는 상태, 즉 벡터적 운동으로 생명력이 왕성한 상태.

* * *

도를 '상무욕(常無欲)' 상태로 읽을 때 그 도는 죽은 도가 아닐까.
그렇다면 어떤 무욕인가. 우리 는 그래서 범(氾)의 액센트에 주목
해볼 수도 있다. 도는 웅덩이처럼 움푹 파인 어떤 것으로 인하여
욕망을 살아나게 하는 모티브로 작동할 때 궁극적으로 무욕의
의미를 획득한다. 다시 말해 비움과 여백(틈)을 통해 욕망하게 되
는 아이러닉한, 혹은 다이나믹한 도의 실천 모티브를 얻게 된다.

제35장 —————

해석의 고루함을
넘어

執大象, 天下往. 往而不害, 安平太. 樂與餌, 過客止. 道之出
口, 淡乎其無味, 視之不足見, 聽之不足聞, 用之不足旣.

도의 큰 모습으로(근본 태도) 인해 나라 안의 만인이 태평하다. 태
평함에 음악을 더하니 과객이 멈추고 귀 기울인다. 이것이 바로
도의 궁극인데, 무미, 무색, 무취하다.

————————

大象   天象之母也(王弼).

✻ ✻ ✻

이 정도에 이르러 우리는 도는 무조건 따라야 하는 원리이고 근본이며 의심할 수 없는 교리인가를 의심해볼 필요가 있다. 모든 것을 의심해도 인간이 회의하는 것만은 의심할 수 없는 진리라고 주장한 데카르트의 어투를 빌리면, 도에 대해 의심하는 것 자체가 문제가 발생하게 된다. 과연 그런가? 이런 질문의 핵심에 도에 관한 반복 모티브와 반복적 정의가 한몫 하고 있다. 유사한 반복 정의와 유사한 반복 묘사는 도를 진부한 어떤 것으로 착각하게 하는 감마저 들게 한다. 다시 한 번 우리는 바로 이 문제 앞에 진지하게 마주서야 한다. 그것은 반복이 아니라 차이로 읽을 수 있는 언어적 감각을 요구하기 때문이다. 그 감각의 핵심에 시적 직관이 있다. 시적 언어의 독해가 가능하게 될 때, 마침내 반복을 차이로 읽을 수 있는 지평을 열어젖힐 수 있다.

제36장

미명(微明)의 에너지

將欲歙之, 必固張之, 將欲弱之, 必固强之, 將欲廢之, 必固興
之. 是謂微明, 柔弱勝剛强. 魚不可脫於淵, 國之利器, 不可以
示人.

오므리고자 하면 그것을 펴야 하고, 유연하게 하고자 하면 강고
함이 필요하다. 폐하고자 하면 일단 흥해야 한다. 이를 일러 미
명(늑도)이라고 하는데, 부드럽고 유연한 것이 굳세고 강한 것을
이긴다. 물고기가 뭍으로 나오면 죽는 것과 같이, 국가의 이기(형
벌, 규범)들로 국민을 다스리고자(강압) 하면 반드시 실패한다.

歙 들이쉬다 흡. 안으로 향하는 상태. 반면 **張**은 밖으로 내쉬다. 드러내다. 밖으로
     기세를 확장하는 상태.
微明 빛과 어둠의 경계. 薄明. 상황의 이중구속.

* * *

노자적 사유의 근간이 미명이나 박명의 상태를 주목한다는 것은
아무리 강조해도 지나치지 않다. 미명은 빛과 어둠의 경계, 혹은
밝음과 어둠 사이의 긴장을 필요로 하는 희끄므레한 상태를 말
한다. 이 모호한 상태를 우리는 무분별지(無分別智;불교에서의 眞如),
나아가 유식론(唯識論)에서의 칠식(七識)과 팔식(八識) 사이의 어떤
최고의 에너지 상태로 상정해볼 수도 있다. 들뢰즈는 이 최고의
에너지 상태를 부화전의 알로 비유하며, 그 잠재성이 무한한 생
명의 생성을 이루는 원동력이라는 주장을 전개한다. 그러니까 미
명이란 인간의 가장 자유로운 창조적 생명력의 상태를 은유한다
고 볼 수 있다.

제37장 　　　　　　　통나무와
_____　적자(赤子)

道常無爲而無不爲. 侯王若能守之, 萬物將自化. 化而欲作,
吾將鎭之以無名之樸. 無名之樸, 夫亦將無欲. 不欲以靜, 天
下將自定.

비유하자면, 통나무가 곧 도의 다른 이름이다. 그렇다면 통나무
의 도에 가까움을 어떻게 읽어낼 수 있는가.

_____

鎭　진압하다. 여기서는 통나무로 욕망, 탐욕, 이지러짐을 제어한다, 다스린다는 뜻.

* * *

정치에 나아가려는 자는 정치적 기술과 전문성이 아니라 사람에 대한 깊은 이해를 위한 훈련이 앞서 필요하다. 그 훈련의 과정에 비유와 상징으로서의 '통나무' 곧 '적자'(赤子)의 내면을 아는 것이 포함된다. 통나무의 속을 보기 위해서는 그 나이테만큼의 연륜이 필요할 뿐만 아니라, 그 나무와의 교감을 위한 내면의 수신(훈련)이 요구된다. 마찬가지로 아이와의 대화를 위해서는 아이의 눈높이, 아이의 마음으로 다가가려는 지난한 노력이 경주되어야 한다. 그 첫째가 고요함에 다가가도록 비우는 훈련이다.

제38장

덕의 실체

上德不德, 是以有德, 下德不失德, 是以無德. 上德無爲而無
以爲, 下德爲之而有以爲. 上仁爲之而有以爲, 上義爲之而有
以爲, 上禮爲之而莫之應, 則攘臂而扔之. 故失道而後德, 失
德而後仁, 失仁而後義, 失義而後禮. 夫禮者, 忠信之薄, 而亂
之首, 前識者, 道之華, 而愚之始. 是以大丈夫, 處其厚, 不居
其薄, 處其實, 不居其華, 故去彼取此.

攘臂 소매를 걷어붙이고 적극적으로. 양비.

扔之 강요, 강제하다. 잉지.

＊　＊　＊

덕과 인, 의, 예, 지의 관계를 엿볼 수 있다. 관계의 위계를 단순화시킬 수는 없지만, 덕이 도의 실천 강령으로 작동한다는 판단은 부정하기 힘들다. 『논어』의 핵심 키워드인 사단(四端), 나아가 이를 규율하는 정치적 기율은 덕과 어떤 위계에서 논할 수 있는가. 그러나 궁극적으로 이런 질문 자체가 낮은 사유일 것이다. 도, 덕과 인, 의, 예, 지를 어떤 위계에서 논하는 것은 경직된 세계 이해에 지나지 않기 때문이다.

그렇다면 다시 원점으로 돌아가 도와 덕의 구체적 관계를 깊이있게 이해하는 일, 나아가 무위의 현실적 실천 원리가 무엇일지를 정치적 위계에서 분석해보는 일일 것이다.

제39장

덕의 정치

昔之得一者. 天得一以淸, 地得一以寧, 神得一以靈, 谷得一以盈. 萬物得一以生, 侯王得一以爲天下貞, 其致之一也. 天無以淸, 將恐裂, 地無以寧, 將恐發, 神無以靈, 將恐歇, 谷無以盈, 將恐竭, 萬物無以生, 將恐滅, 侯王無以貴高, 將恐蹶. 故貴以賤爲本, 高以下爲基. 是以後王, 自謂, 孤, 寡, 不穀. 此非以賤爲本邪, 非乎, 故致數譽無譽. 不欲琭琭如玉 珞珞如石.

昔 始也(王弼).

一 여기서는 道(蘇子由). 數之始而物之極也(數의 始이자 物의 極(王弼)).

谷 母와 같은 의미.

琭琭 옥 같은 녹(록).

珞珞 조약돌 같은 낙(락).

도는 그 실천 원리를 한없이 낮은 곳에 둔다. 덕으로서의 정치는 그러므로 고(孤), 과(寡), 불곡(不穀)을 실천하고자 하는 태도에 있다. 오늘의 정치가 실천해야 할 덕목이기도 하다.

제40장

유물혼성과 도

反者道之動. 弱者道之用, 天下萬物生於有, 有生於無.

도의 벡터적 힘은 근원을 지향하는 노력에 있다. 그런 까닭에 미약함(최초의 인간됨)이 도의 귀중한 쓰임이 될 수 있으며, 만물은 필요에 의해 생기고, 필요는 무에서 발생하게 된 것이다.

＊　＊　＊

최초의 우주와 생명은 유물혼성으로 압축된다. 그 상태를 도의

反　돌아가다. 還. 근본.

그것이라 할 수 있다. 인간은 어떻게 태어났고 진화했는가. 우리는 여기서 만물이 사랑의 힘으로 진화해왔다는 테야르 드 샤르댕의 진술을 다시 상기하게 된다.

제41장

무명의 진리

上士聞道, 勤而行之, 中士聞道, 若存若亡, 下士聞道, 大笑之, 不笑, 不足以爲道. 故建言有之, 明道若昧, 進道若退, 夷道若纇, 上德若谷 太白若辱 廣德若不足 建德若偸 質眞若渝 大方無隅 大器晚成 大音希聲 大象無形. 道隱無名, 夫唯道善貸且成.

도의 인식과 실천에도 차이가 존재한다. 그 차이가 질서(정치)의 차이를 낳는다. 그러나 근본적으로 도는 무명이다. 그 무명의 진리를 알아야 정치에 나아갈 수 있다.

夷 여기서는 평탄하다 이.
纇 어그러지다 뢰.
偸 구차하다 투.
渝 변하다 유(투).

제42장

道生一, 一生二, 二生三, 三生萬物. 萬物負陰而抱陽, 沖氣以
爲和. 人之所惡, 唯孤寡不穀, 而王公以爲稱, 故物或損之而
益, 或益之而損. 人之所敎, 我亦敎之, 强梁者, 不得其死, 吾
將以爲敎父.

도는 만물의 근본으로서, 상생의 기운으로 삶의 조화를 꾀한다.
정치에 나아감에 강포한 자는 반드시 제 명에 죽지 못한다. 이것
이 도의 최고 교훈이다.

一 一可謂無(王弼)

제43장 ──────── 변화의
전환기적 모티브

天下之至柔, 馳騁天下之至堅, 無有入無間, 吾是以知無爲之
有益. 不言之敎, 無爲之益, 天下希及之.

부드러움이 강함을 이긴다. 그것이 무위의 유익함이다.

* * *

강한 군대, 비대한 재벌에 편승한 독점적 경제구조, 분단체제와
분단 편익에 의존한 정치적 벌열 시스템화가 고착화되는 형국에

─────────
馳騁 말을 타고 달리다. 이곳 저곳 바삐 돌아다니다. 다스리다.

서 한국 사회는 커다란 생태 패러다임의 전환기를 맞고 있다. 그
것은 강하고 딱딱한 시스템으로부터 부드럽고 유연한 그것으로
의 변화를 의미한다. 다시 말해 분단 이후의 삶을 설계하는 비전
을 촉매하는 것은 부드러움의 힘, 다른 생각과 다른 삶을 향한
실천이다.

제44장

탐욕과 절제

名與身孰親, 身與貨孰多, 得與亡孰病. 是故甚愛必大費, 多
藏必厚亡. 知足不辱, 知止不殆, 可以長久.

온전히 태어난 이후의 생명을 명대로 보존하는 것은 탐욕을 그칠
줄 아는 것, 권력에 나아가 물러날 시기를 알아 실천할 때에 겨우
가능하다.

孰　무르익다.
甚愛　여기서는, 집착하다.
大費　엔트로피가 극도로 높아지다.

제45장

리좀의 네트워크

大成若缺, 其用不弊, 大盈若沖, 其用不窮. 大直若屈, 大巧若拙, 大辯若訥. 躁勝寒, 靜勝熱, 淸靜爲天下正.

맑고 고요함이 도의 근본이다.

躁勝寒 열역학 2법칙(엔트로피는 증가한다)은 과정으로서의 생명이 직시해야 할 진리라고 말한다. 운동성과 고요함의 교차가 그것이다.

靜勝熱 엔트로피로부터 네겐트로피로 전환하려는 에너지 활동은 보생명(co-life)의 숙명이기도 하다.

맑고 고요함이 도의 근본이라고 말한 노자 사유의 밑바탕에는, 모든 보생명은 필연적으로 엔트로피를 낮추기 위한 에너지의 수혈을 외부로부터 받아야 한다는 관계의 과학적 인식이 깔려 있다. 그 관계의 인식은 영/충, 직/굴, 교/졸, 변/눌의 변증적 이해를 통해 가능하다.

제46장 　　　　　　 상족(上足)

天下有道, 却走馬以糞, 天下無道, 戎馬生於郊. 禍莫大於不
知足, 咎莫大於欲得. 故知足之足, 常足矣.

세상에 도가 널리 퍼지면 심지어 전쟁터의 말도 농토를 기름지게
하는데 쓰이고, 반대로 도가 땅에 떨어지면 그 말이 농번기에 새
끼를 낳아 농사를 망치게 한다. 정치에 나아감에 무모함과 탐욕
이 화를 부른다. 분수를 안다는 것은 덕을 실천하는 것과 같다.

走馬　전장의 군마(숫놈).
戎馬　주마와 같은 뜻(암놈).

제47장

견자
칸트

不出戶, 知天下. 不闚牖, 見天道. 其出彌遠, 其知彌少. 是以
聖人, 不行而知, 不見而名, 不爲而成.

문밖에 나가지 않고도 세상 돌아가는 일을 알며, 하늘을 올려다
보지 않고도 천도를 알 수 있다. 그것이 성인(견자)의 마음의 눈
이다.

闚牖　창문으로 엿보다. 규유.

彌　더욱.

其出彌遠, 其知彌少　더욱 멀리 더 번다하게 배움을 구할수록 오히려 진리에서 더 멀
어진다.

＊　＊　＊

프러시아의 쾨니히스베르크 주변을 평생 동안 떠나본 적이 없는 칸트는, 가령 괴테의 『이탈리아 기행』 등에서 엿보이는, 세계를 유람하며 예술에 대한 감식력을 키운 교양인의 초상과는 거리가 멀었다. 그런 그가 어떻게 세계 전체를 통찰하는 견자의 눈을 가지게 되었을까. 우리는 여기서 견자로서의 노자와 그를 같은 위계에서 생각해볼 수 있는 준거를 발견한다. 특히 유명한 『판단력 비판』에서 칸트는 '미'를 위한 여지는 감상자가 작품에 대한 더 많은 정보나 규범에 대한 지식을 확보함으로써 마련되는 것이 아니라, '목적 없는 합목적성'을 가진 대상으로 작품을 감상할 때 가능한 것이라고 보았다. 다시 말해 '목적 없는 합목적성'은 미적 대상에는 어떤 다른 목적에도 복속되지 않고 오로지 미적 향유에 적합한 측면이 있다는 주장으로, '무관심성'은 여하한 관심(개인적·도덕적 이해득실에 대한 고려)으로부터 자유롭게 '미에서의 만족'을 느낄 수 있어야 한다는 주장과 상통한다. 칸트는 당시 바움가르텐의 미학(기존 미학 전통)과 대결하며 자신의 미학 체계를 세웠다. 특히 미에 대한 판단인 '취미 판단'을 미숙한 '인식 판단'처럼 취급한 데에 반기를 들었다. 취미 판단이 인식 판단으로부터 독립되지 않고서는 미의 본성을 둘러싼 논쟁에서 자유로울 수 없다고 보고, 비판의 칼끝을 두 판단의 사이에 겨눔으로써 "미감적 판단의 문제들, 즉 어떤 자연 대상이나 예술이 아름답다는 주장에 대한 근거와 정당화"에 주안점을 두는 수용자 중심의 미학을 수립하게 된 것이다. 칸트에 따르면 미적 관조는 그 자체가 기본적으로 즐거운 것이지 지식을 얻는 수단은 아니며, 이러한 상태에서의 감상자와 대상 사이의 상호 작용을 '자유로운 유희'라고 불렀다. 취미 판단에 대한 칸트의 분석이 제공하는 첫째 기준은 '무관심성'이라는 것이다. 이것이 뜻하는 바는, 즉 어떤 대상은 내가 그것을 여하한 관심도 개입시키지 않고 좋아할 때 아름답다는 것이다. 나는 일종의 욕망이나 지향점 또는 목적, 아니면 그 어떤 사회적, 도덕적, 지적 고려 사항들로부터 벗어나 있어야 한다. 그때에만 이러한 대상에 대한 나의 관조는 순수할 수 있다고 칸트는 말한다. 그것은 이 말의 이중적인 의미 모두에서 순수해야 한다. 그것은 우선 앞서 말한 고려사항들이나 관심사들에 의해 오염되지 않아야 한다는 의미에서 순수해야 하며, 또 능력들의 자유로운 유희와 선천적인 합목적성 원리에 기초해야 한다는 의미에서 순수해야 한다. 그래서 나의 판단이 대상에 대한 나의 어떤 관심에 기초하는 것이라면, 나의 취미 판단은 자유롭고 순수할 수 없다. 칸트에 따르면, 그렇게 관심에 기초한 판단은 진정한 취미 판단이 아니다. 지금으로부터 천년 전에 어떤 사람이 땅에 떨어져 있는 시계를 발견했다고 상상해보자. 그는 이것을 주워서 열어보고, 잘 살펴본 후 경탄한다. 그는 이 물건의 각 부분들이 얼마나 정교하게 들어맞으며 다양한 방식으로 상호작용하는지를 관찰하지만 이 물건이 무엇이며 이것의 목적이 무엇인지에 대한 일반적 관념에는 이르지 못할 것이다. 그런데 이것은 여하튼 각 부분들 상호 간의 합목적성의 한 예가 될 것이다. 언젠가 그는 이것의 목적이 무엇인지를 발견하거나 들어서 알게 될 수도 있을 것이다. 그렇기에 이 경우는 '목적 없는 합목적성'에 해당되지 않을 것이다. 칸트에게 있어, 목적이 없는 객관적 합목적성이란 존재하지 않는다. 그러나 취미 판단에서처럼 주체와 그의 감정이 개재되는 경우에, 우리는 칸트가 일종의 '목적 없는 합목적성'이 존재한다는 것을 믿고 또 주장한다는 사실을 알게 될 것인데, 이때 이런 합목적성은 목적 없는 주관적 합목적성이다. 미술관에 가는 것은 숲에서 산책하는 것과는 다르다. 뭉크의 그림이나 명나라 시대의 중국식 화병을 보는 일은 길가에 피어나는 꽃을 바라보는 일과는 아주 다르며, 바흐의 푸가를 듣는 일은 새의 노랫소리를 듣는 것과는 다르다. 우리는 그것들이 예술 작품이며, 그것들을 창조해 낸 사람은 누구나 일정한 솜씨와 어떤 목적을 가졌다는 것을 안다. 그것들은 예술 작품이 되도록 만들어진 것이다. 예술가는 그가 하고 있는 일이 무엇인가에 대한 개념을 지녔고, 그 결과를 보거나 듣는 우리는 이것을 의식한다. 그런데 이것이 칸트의 미에 대한 설명에서는 문제를 발생시킨다. 왜냐하면 칸트에 따를 때, 어떤 개념도 우리의 취미 판단을 규정해서는 안 되기 때문이다. 그리하여 우리는 다음과 같은 질문에 봉착한다. 어떤 정도로 또는 어떤 방식으로 개념들은 아름다운 예술에 결부될 수 있는가? 자연이 우리가 아름답다고 여기는 무수히 많은 대상들을 산출해냈다는 사실은 우리로 하여금 우리가 어쩐지 자연과 부합하는 존재라고 생각하도록 만든다. 우리에게는 이것이 자연이나 신에 의해 우리에게 주어진 선물 또는 축복인 듯이 보인다. 인간의 자율성이라는 관점에서 보면, 우리는 자연이 우리에게 호의를 베푼 것이 아니라 그 반대 방향이라고 말할 수 있을지 모른다. 우리는 자연을 아름답다고 여김으로써 자연에게 호의를 베푼다. 그러나 어느 경우든간에, 칸트는 이것이 우리로 하여금 자유와 도덕성과 같은, 우리의 내적 본성의 이념들과 보다 높은 목적들이―인간이 도덕적 법칙 하에서 더불어 살고 있는―자연과 사회 속에 실현될지도 모른다는 생각을 하도록 만든다고 시사한다. 그리하여 이성은 자유와 자연 사이를 잇는 다리를 지시할 수도 있는, 자연 속의 그 어떤 표지나 흔적에 대해 관심을 갖는 것이다. 그런 점에서 칸트 미학은 노자의 미학과 일정 정도 겹친다. 그 겹침의 중심에 텅 빈, 결여, 미명으로 압축되는 무목적의 합목적성이 있다. 그것은 예술을 생활로 끌어들인 최초의 과학적 논증이었다.

제48장

다시
비움에 대하여

爲學日益, 爲道日損. 損之又損, 以至於無爲., 無爲而無不爲,
取天下. 常以無事, 及其有事, 不足以取天下.

도란 일신우일신하여 비우고자 경주하는 데 있다. 무엇을, 어떻
게 비워낼 것인가. 새로운 교육과 다른 삶에 대한 태도가 필요한

爲學日益, 爲道日損 왕필 본을 중심으로 해석한다면, '배움을 실천하면 지식을 쌓
고, 도를 실천하면 비움의 진리를 알게 된다', '채움과 비움이라는 대립쌍의 성격을 띠
지만 내용은 지식을 쌓아 비움이 도의 원리라는 것을 깨닫는다'라고 해석할 수 있다.

損之又損 『大學』의 '日新又日新'에 비교된다. 즉 날마다 새로워지려는 노력의 경주가
도에 가까워지는 주요한 과업인 셈이다.

取天下 정치에 나아갈 수 있다. 즉 無爲而無不爲를 알 수 있으면 정치에 나아갈 수
있다.

常以無事, 及其有事, 不足以取天下. 평정심으로 임하되, 임기응변식으로 일을 꾀
하면 정치에 나아갈 자격이 없다. 정치에 임하여 실패한다.

이유이다.

  * 특별히 이 장과 관련하여 부기해야 할 요소가 있다. 지식이 도에 어긋날 수 있다는 단견이 그것이다. 정확하게 말해 지식과 도는 대립하는 것이 아니라, 서로 의지적인 이중구속의 관계에 있다. 그러므로 배움이 더하는 것이며, 도를 행하는 것이 비우고자 하는 일이라는 문맥에는 배움으로써 비울 수 있는 지혜를 얻게 된다는 맥락의 은유가 있다. 나아가 '배우고 또 비워 무위에 이르면 이루지 못하는 바가 없다'라는 문맥의 콘텍스트도 피상적으로 보면 피동적 삶의 자세를 말하는 것처럼 보이나, 이는 저급한 해석일 가능성이 크다. 더 정확한 맥락은 정치에 나아감에 간계와 미화로 현실을 왜곡하는 일에 대한 경계이자, 통나무같이 질박하고 아이와 같이 순결한 마음으로 임해야 한다는 콘텍스트가 내재돼 있다. 그러니까 오히려 보이는 고요와 보이지 않는 내면의 역동성을 생각해야 한다는 것이다.

✻ ✻ ✻

덜어내고 비우려는 인식의 전환, 운동 차원의 질적 변화가 일어난다. 그것은 자본주의에 대한 투명한 응시를 포함한다. 한국의 부패지수가 OECD국 중 상대적으로 높다는 것은 다 아는 사실이다. 관료의 탐욕과 무능은 거의 고질적 관습처럼 반복되고 있다. 그것은 한국의 관료적 자본주의, 병영국가주의가 낳은 사생아적 자질과 관련이 깊다. 이 반복적 부패 구조가 인위로 일을 꾸미게 하고 탐욕의 부패 사슬을 반복, 형성하게 한다. 기회주의가 만연하는 이유이다. 그 원인을 몇 상기해볼 수 있다. 식민지 근대화와 해방. 해방 후의 정치적 부패와 부조리, 친일 잔재의 청산 대신 친일 관료, 친일 지주의 재등장과 이들이 간교하게 집적한 자본, 권력 네트워크, 일상의 파시즘에 이른 계급적 재생산 구조 등과 더불어, 압축 성장을 통해 급격하게 해체된 공동체 문화와 새로운 공동체 문화의 미성숙 등은 우리의 자본 축적을 해체하고 재구조화하지 않으면 안 될지도 모른다는 근본적 문제 인식에 도달하게 한다.

제49장

포용의 정치

聖人無常心, 以百姓心爲心. 善者吾善之, 不善者吾亦善之,
德善, 信者吾信之, 不信者吾亦信之, 德信. 聖人在天下歙歙
焉, 爲天下渾其心, 聖人皆孩之.

좋은 정치는 궁극적으로 포용(歙歙)과 순수함(渾心 혹은 孩)의 힘에
서 온다.

聖人無常心, 以百姓心爲心 좋은 정치란 어떤 고정된 이데올로기나 편견이 아니라,
국민의 마음을 읽는 일에서 시작된다.

歙歙 오므리다. 수렴하다. 포용하다. 흡흡.

渾其心 여기서 혼은 순수하다. 편을 가르지 않는다. 따라서 현자는 정치에 나아감에
함께하고자 하며, 정치에 임하여 아이의 마음과 같은 순수로 한다.

제50장

섭생에 대하여

出生入死, 生之徒十有三, 死之徒十有三, 人之生, 動之死地, 亦十有三. 夫何故, 以其生生之厚. 蓋聞善攝生者, 陸行不遇兕虎, 入軍不被甲兵, 兕無所投其角, 虎無所措其爪, 兵無所用其刃. 夫何故, 以其無死地.

생과 사는 하나다. 생과 사를 통찰할 때, 명대로 사는 삶이 30%, 명이 따라주지 않는 삶이 30%, 스스로 명을 재촉하는 삶이 30%

出生入死　나고 죽는 일. 인간이 태어나서 죽기까지의 인생사 전체.

兕　무소(코뿔소)의 암컷 시.

攝生　오래 살기 위하여 몸과 마음을 편안히 하고 병에 걸리지 않게 노력함. 여기서는 도에 가까운 삶을 살기 위해 노력하는 것을 의미한다. 도에 가까운 삶이란 무엇인가.

措其爪　(여기서는) 발톱으로 할퀴다. 조기조.

정도 된다. 생에 대한 턱없는 집착이 그런 결과로 돌아온다. 섭생을 잘함으로써 생을 온전히 할 수 있는데, 이는 죽음의 그림자가 비껴서 있기 때문이다. 그것이 도와 다르지 않다.

＊　＊　＊

섭생을 잘하기 위해서는 좋은 정치가 반드시 뒤따라야 한다. 좋은 정치는 좋은 정치적 자질과 건강한 시민이 함께 역동적으로 교감해야 하는 지난한 과업이다. 당연한 결과이지만, 섭생을 잘하게 되면 자연의 물리적 재난으로부터 뿐만 아니라, 전쟁까지도 피할 수 있게 된다. 이 힘은 그럼 어디서 나오는 것일까. 췌언할 필요도 없이 단연 좋은 정치로부터다.

제51장

현덕에 대하여

道生之, 德畜之, 物形之, 勢成之. 是以萬物莫不存道而貴德.
道之尊, 德之貴, 夫莫之命而常自然. 故道生之, 德畜之, 長之
育之, 亭之毒之, 養之覆之, 生而不有, 爲而不恃, 長而不宰,
是謂玄德.

도와 덕의 관계적 긴장의 운동성을 일러 현덕(玄德)이라 한다.

勢成 에너지의 흐름, 혹은 '질료의 흐름'.

亭 기르다, 양육하다.

恃 어머니, 자부하다.

宰 다스리다.

毒 기르다, 키우다. 여기서는 篤의 뜻으로 쓰임.

玄德 속 깊이 간직하여 드러내지 않는 덕. 천지(天地)의 깊고 묘한 도리(道理).

주지하듯이 덕은 도의 실천강령에 해당한다. 덕의 자율성은 그럼 어디까지일까. 도로 말미암아 만물이 비롯되지만, 그 만물의 형상을 이루고 살아가게 하며 꽃을 피우는 각각의 기능을 관장하는 것은 덕의 잠재성(에너지)이다. 그 덕은 그렇기 때문에 도로 정확하게 규정되거나 제한하거나 정의되기 힘든 에너지다. 왜냐하면 그 에너지의 언어는 시적 그것이기 때문이다. 바로 여기에 현덕의 자발성과 창발성이 있다. 그러니까 덕은 도의 원리에 충실하면서도 그것에 구속되지 않고 어떤 자발성을 발휘한다. 이 기막힌 도와 덕의 긴장, 역학적 역동성이 노자 생명사상의 키워드이다. 정치에 나아가려는 자 반드시 이를 이해하고 수신해야 한다.

　　　　　　　구멍에 대하여

天下有始, 以爲天下母. 旣得其母, 復知其子, 旣知其子, 復守
其母, 沒身不殆. 塞其兌, 閉其門, 終身不勤. 開其兌, 濟其事,
終身不救. 見小曰明, 守柔曰强, 用其光, 復歸其明, 無遺身殃,
是爲襲常.

생명의 근원으로서의 모(母) 역시 도의 개념에 가깝다. 여성성으
로서의 그것의 미덕은 열고 있을 때가 아니라 닫음을 실행할 때

───────────────

母　　묘령의 여인, 혹은 曲神. 母, 本也. 子, 末也(王弼)

得　　만나다. 만나서 느끼고 사랑하게 되다.

兌　　여기서는 구멍.

見小　　여기서는 열림과 닫힘의 사이, 혹은 그 변증적 왕복운동을 지칭하는 것. 혹은
　　　　微明

用其光, 復歸其明　　미명의 빛을 통해 그 의미를 깨닫게 되면.

襲常　　반드시 알아야 할 변하지 않는 진리. 도와 유사한 개념. 道之常也(王弼)

배가된다(더 정확하게 말해 열림과 닫힘의 사이, 혹은 그 운동성으로서의 벡터적 에너지를 머금고 있을 때 도에 가깝다고 할 수 있다). 닫힘과 열림의 사이(見小) 혹은 틈, 곧 미명(微明)을 달리 습상(진리)이라 부른다.

* * *

흔히 천지개벽이라고 말하는, 세계의 시작을 열림이라고 한다면, 그것은 어미가 아이를 낳기 위해 수행하는 '포태(胞胎)의 원리'에 비유된다. 노자는 고요와 깊어짐의 세계를 지향하고 그렇기 때문에 침묵의 힘을 강조하는 것을 부인할 수 없지만, 고요함 속의 격렬한 운동성(활동하는 무) 혹은 열림과 닫힘의 변증법을 생명의 탄생과 에로스의 관계에서 상상하는 것처럼 보인다. 그럴 때 '견소(見小)'는 어떤 틈, 닫힘과 열림의 긴장, 혹은 어둠과 빛 사이의 이중구속적 상태를 암시할 수 있다. 그 상태를 노자는 명, 즉 깨달음의 경지, 나아가 도로 규정한다. 그런 의미에서 '用其光'은 이런 빛에 대한 이해의 범주에서의 희미한 빛이다. 그 빛의 벡터적 긴장을 깨닫고 마침내 덕을 실천할 수 있는 한 인간의 상태를 일러 삶의 진리에 대한 통찰에 이르렀다고 말할 수 있다.

제53장

정치의 부재로부터
다른 정치로

使我介然有知, 行於大道, 唯施是畏. 大道甚夷, 而民好徑. 朝
甚除, 田甚蕪, 倉甚虛, 服文綵, 帶利劍, 厭飮食, 財貨有餘. 是
謂盜夸, 非道也哉.

내게 아주 잠시 권력이 주어진다면, 좋은 정치를 펼칠 것이다. 오
늘의 정치는 대도를 알고 있음에도 불구하고 교활함이 횡행한다.

介然 잠시, 단단한 모양.
施 비스듬히 가다. 바르지 아니하다 이.
夷 평탄하다. **甚夷** 깊고 두텁다. 혹은 넓고 깊다.
朝 왕조, 조정.
除 (벼슬을) 주다. **朝甚除** 벼슬을 마구 남발하다.
厭 물리다. 싫어하다 염.
盜夸 도둑질을 자랑하다. 전도된 권력 행위.

그 결과 권력은 자리를 남발하여 옥토는 황폐해지고 창고는 텅 비었으되, 벼슬아치들은 화려한 옷에 허세 가득 칼을 차고 게걸스럽게 음식을 탐하며, 재화를 불리는데 혈안이 돼 있다. 이것이 도둑놈의 정치가 아니라고 말할 수 있는가. 결국 망한다.

* * *

정치가 부재하는 오늘의 한국 현실이 도둑놈의 정치가 아니라고 감히 말할 자신이 있는가. 거의 끝이 다가왔다는 신호인 셈이다. 그러므로 조금 더 진취적으로 해석하면, 작금의 정치에 나아가는 것 자체가 이미 도둑의 영역에 들어서는 것과 다르지 않다는 유추가 가능하다. 그것이 부끄럽다는 인식 자체가 없는 짐승의 시대다. 분명한 것은 이 언술이 정치 혐오가 아니라, 새로운 정치를 향한, 정치의 혁명을 의미한다는 것이다. 그 혁명은 정치 구조를 근본적으로 바꾸는 일과 관계한다. 거짓 전문인의 정치로부터 시민의, 시민에 의한, 시민을 위한 정치를 찾아오는 일에서 출발하여 내 안의 그것으로, 우리의 그것으로, 마침내 생명의 지속을 위한 생활정치, 협업의 정치, 연대의 정치, 분업의 정치, 정치의 아마추어화, 제비뽑기의 정치, 놀이의 정치, 공장의 정치, 여행의 정치, 마을 정치, 과정의 정치로.

제54장

세계는 자발성으로
감응한다

善建者不拔, 善抱者不脫, 子孫以祭祀不輟. 修之於身, 其德
乃眞, 修之於家, 其德乃餘, 修之於鄉, 其德乃長, 修之於國,
其德乃豊, 修之於天下, 其德乃普. 故以身觀身, 以家觀家, 以
鄉觀鄉, 以國觀國, 以天下觀天下. 吾何以知天下然哉, 以此.

정치철학이(도) 있는 자는 좌고우면하지 않는다. 오히려 공동체
의 양식을 잘 살려나가는 지혜를 발휘하는데, 그 출발이 수신이
며, 그 스텝은 수가, 수향, 수국, 평천하로 나아간다.

建 입지를 세우다. 기초를 제대로 하다.

抱 지키다. **善建, 善抱** 도의 기초를 제대로 다지고 그것을 잘 지키면 자손이 제사를
그르치지 않는다.

輟 그치다. 수레를 고치다 철.

修 수신하다. 공부하다. 다스리다. 정치를 행하다.

修身齊家 治國平天下 하기 전에 격물(格物), 치지(致至), 정심(正心), 성의(誠意)의 과정이 있다. 이 전체를 일러 수(修)라 할 수 있다. 그 수신의 중심에 아(我)의 자발성이 있으며 우리의 그것이 있다. 我의 중요성은 修의 중요성과 같다. 정치에 나아가기 위한 공부의 필수 덕목이 반드시 지정되어야 하는 이유가 이와 같다.

제55장

사랑의 파문

含德之厚, 比於赤子. 蜂蠆虺蛇不螫, 猛獸不據, 攫鳥不搏. 骨
弱筋柔而握固, 未知牝牡之合而全作, 精之至也, 終日號而不
嗄, 和之至也. 知和曰常, 知常曰明, 益生曰祥, 心使氣曰强,
物壯則老. 謂之不道, 不道早已.

후덕함은 적자(아이)에 비유된다. 가령 벌과 독사의 정력에 버금
할 만하고, 맹금의 유연함과 강한 힘에 대적할 만하다. 그 부드
러움과 유연함에서 나오는 강한 정기 때문에, 성교함에 정력의 최
고 상태에 도달해, 온종일 괴상한 소리를 질러도 목이 쉬지 않을
정도로 교합의 절정을 이룬다. 그 교합의 짝을 찾는 것을 영원함
이라 하고, 이를 경험하는 것을 날 새는 줄 모른다(궁극에 이르렀다)
라고 한다. 그런데 이를 위해 작위적으로 기를 북돋우려 하면 재
앙을 맞는다. 술수를 부려 기를 북돋는 일을 억지로 하면 결국

뭇 생명들은 기의 쇠약이 뒤따른다. 즉 도에 순응하지 않으면 서둘러 생명을 재촉한다.

※ ※ ※

노자는 덕을 실천하는 한 방법으로 아이의 상태와 함께 에로스를 제시한다. 사랑이 덕을 수행하는 주요한 한 방법임을 적시함으로써 그는 사랑과 생명의 함수관계를 묘파한다. 접근의 세밀성에서 플라톤의 에로스와 약간의 차이를 드러내는 것처럼 보이기도 하는데, 그것은 플라톤이 이를 애지(향연)의 차원에서 접근하고 성애 그 자체를 높게 평가하는 반면, 노자는 성애를 위한

蜂蠆 독이 있는 벌. 봉채.
虺蛇 독사. 훼사.
螫 벌레가 쏘다 석.
攫 가로채다 확.
搏 잡다 박.
握 손아귀 악.
嗄 목이 메다 사.
至 최고 절정에 도달하다.
知 여기서는 짝, 배우자.
常 영원하다.
明 날새다.
祥 재앙, 조짐.
強 강제로 하다. 억지로 시키다.
早已 서둘러 끝나다.

인위적 기의 테크닉을 부정하는 것처럼 보이기 때문이다. 그러나 그럼에도 우리는 여기서 사랑의 덕목을 좀 더 구체적으로 환기할 요구에 직면한다. 노자의 사랑은 남녀의 구체적 성교의 황홀함과 그 에너지를 중요하게 생각하는 것과 함께, 이를 둘러싼 생명관을 포괄한다. 그 생명관이 생태적 사유의 모티브가 된다. 가령 1장의 중묘지문(衆妙之門), 6장에서 묘사하는 곡신(谷神)과 현빈(玄牝)은 맥락을 공유하며, 그 문을 통해 능동적 생명 활동을 수행하는데, 그 문을 왕필(王弼)은 현빈소유(玄牝所由)'라 주석함으로써 가장 은밀하고 어두컴컴한 곳의 현묘함을 신비로움 그 자체로 압축하고 있다. 문제는 이 현묘함이 도와 덕의 근본적 이해와 맞물려 있다는 점이다. 사실 도덕경을 지배하는 키워드는 정치인데, 그 정치에 현묘함이 왜 필요한지를 노자는 10장에서 '천문개합 능위자호(天門開闔, 能爲雌乎)'로 간명하게 은유하고 있다. 정치에 나아감에 여인의 그것을 은밀하게 열고 닫는 것과 같이 현묘하게(살얼음판을 딛는 것 같은 사랑의 상태) 할 수 있겠는가. 이 언술이 도덕경 전체를 관통하는 단 하나의 물음이라는데 이의를 제기할 사람은 아마 거의 없을 것이다.

제56장

현동(玄同)

知者不言, 言者不知. 塞其兌, 閉其門, 挫其銳, 解其紛, 和其
光, 同其塵, 是謂玄同. 故不可得而親, 不可得而疎, 不可得而
利, 不可得而害, 不可得而貴, 不可得而賤, 故爲天下貴.

도를 도라고 호명하면 그 도는 딱딱(개념화, 이데올로기화)해진다.
아는 것과 행하는 것 사이의 긴장을 도에 가깝다 한다면(玄同),
그 긴장이 생명의 본원적 에너지이다.

제57장　　　　　　통나무의 교훈

以正治國, 以用兵奇, 以無事取天下. 吾何以知其然哉, 以此.
天下多忌諱, 而民彌貧, 民多利器, 國家滋昏, 人多伎巧, 奇物
滋起, 法令滋彰, 盜賊多有. 故聖人云, 我無爲而民自化, 我好
靜而民自正, 我無事而民自富, 我無欲而民自樸.

정치에 나아감에 바름으로, 군사를 부림에 뛰어난 용병술로, 권
력을 취함에 '무사'(치우침 없이)로 해야 한다. 그렇게 해야 하는 이
유가 있다. 금기가 많을수록 국민은 더욱 가난해지고, 군대가 강
성할수록 국가는 오히려 위태로워지며, 교활함이 성할수록 기괴
한 일들이 많아지고, 법령이 번다할수록 도적이 그에 비례해 증

靜　여기서는 청빈하다.
忌諱　숨김. 기휘. 여기서는 금기.

가한다. 이런 이유로 정치가가 억지로 일을 꾸미지 않으면 오히려 국민이 정치적 자율성을 발휘하게 되며, 청빈의 모범을 보이면 국민은 스스로 정직하게 되고, 무사, 탐욕을 절제하면 스스로 만족하고, 순박한 삶을 취하게 되어 있다.

제58장

양극의 조화로서의 정치

其政悶悶, 其民淳淳, 其政察察, 其民缺缺. 禍兮福之所倚, 福兮禍之所伏, 孰知其極, 其無正. 正復爲奇, 善復爲妖, 人之迷, 其日固久. 是以聖人方而不割, 廉而不劌, 直而不肆, 光而不燿.

정치가 없는 듯 하면 오히려 국민은 평안해지고, 규제와 간섭이 심할수록 고통이 커진다. 좋은 정치는 그러므로 정적을 함부로 버리지 않으며(모가 났다고 잘라내지 않으며) 더불어 염/귀, 직/사, 광/요의 긴장을 향유한다.

悶悶 답답할 정도로 유약한 행태.

缺缺 어떤 요건이 빠져 있는 것.

廉 청렴하다. 예리하다.

劌 傷, 즉 상처 입히다 귀.

肆 방자하다 사.

燿 화려하다 요.

제59장

검소한 농부

治人事天, 莫若嗇. 夫唯嗇, 是以早服. 早服, 謂之重積德. 重
積德, 則無不克. 無不克, 則莫知其極. 莫知其極, 可以有國.
有國之母, 可以長久. 是謂深根固柢, 長生久視之道.

정치란 검소한 농부와 같이 해야 한다. 모름지기 검소한 정치(삶)
란 덕을 실천하는 것이다. 그 실천은 여성성의 원리에 기초해야
한다. 그리하면 국가의 기초와 근본을 건실하고 장구하게 할 수
있다.

莫若   莫過(왕필) 과하지 않다.

嗇   農夫(왕필). 인색하다. 검소하다 색.

早服   검소한 삶.

深根固柢   기초와 근본이 건실함.

제60장　　　　　　　덕의 정치

治大國, 若烹小鮮. 以道莅天下, 其鬼不神. 非其鬼不神, 其神
不傷人. 非其神不傷人, 聖人亦不傷人. 夫兩不相傷, 故德交
歸焉.

국가의 정치에 임하는 태도는 마치 아주 작은 생선을 다루는 것
처럼 엄중해야 한다. 좋은 정치란 궁극적으로 덕을 향한 교감의
그것이어야 한다.

大國　　여기서는 큰 나라로 번역하는 것보다 국가 단위의 정치에 임하는 태도로 읽어야
　　　　할 필요가 있다.
烹　　죽이다. 여기서는 삶아서 하는 요리.
治大國, 若烹小鮮.　　좋은 정치란 무엇인가에 대한 물음.
莅　　위계, 지위 리.

제61장

여성성의 정치,
혹은 분단체제 이후의 한국

大國者下流, 天下之交, 天下之牝. 牝常以靜勝牡, 以靜爲下.
故大國以下小國, 則取小國, 小國以下大國, 則取大國. 故或
下以取, 或下而取, 大國不過欲兼畜人, 小國不過欲入事人.
夫兩者各得其所欲, 大者宜爲下.

큰 국가는 강의 하류처럼 온 세계의 중심이다. 그 중심은 묘령의
여인 같다. 가령, 그 묘령의 여인은 스스로 낮아짐으로써 남성성
을(힘, 근대성, 전쟁) 이긴다. 마찬가지로 큰 국가는 약소국에 스스
로 겸손함의 예를 갖춤으로써 지위를 얻고, 약소국은 큰 국가에

交   교차하는 길목, 상류의 온갖 지류의 물줄기가 하나로 모이는 것, 여기서는 중심.
牝   여기서는 玄牝, 여성성.
靜   여기서는 남성성에 대립되는 것으로서, 부드러움, 낮아짐, 유연함 등을 포괄한다.

에로스와 생명정치 ― 道德經 註釋

스스로의 위계를 인정함으로써 소통할 수 있게 된다. 큰 국가는 사람을 기를 수 있어야 하고, 소국은 그 일을 공유할 수 있을 때, 공존의 지혜를 배울 수 있다.

* * *

한국 정치는 기로에 놓여 있다. 그것은 근본적으로 현 정치가 분단체제를 더 강화하는 정치이기 때문이다. 적대적 공존을 위한 분단체제의 실질적 강화는 그러므로 근본적으로 반생태적이며 반평화적 정치이고, 반통일적 정치이다. 이 메커니즘을 근본적으로 바꾸기 위해서는 정치 구조를 바꾸는 일이지만, 그 지난함의 과정을 매개하는 중간 정치, 과정의 정치가 요구된다. 그 정치가 마을정치, 시민정치, 생활정치, 생태정치, 꼬뮌의 정치다. 작은 단위로 핵분열하기, 그 분열된 공동체를 리좀식으로 네트워크하기, 이를 통해 생태사슬을 만들어 나가기가 일상의 미시적 차원에서 작동될 수 있어야 한다. 그 핵심에 여성성의 원리가 있다. 이는 단순히 여성주의를 말하는 것이 아닌, 생명의 기초로서의 여성성과 사랑의 원리로서의 여성성의 강조이다. 그 강조는 다시 한번 현재 정치 구조를 바꾸는 일과 관계한다. 미국 중심의 패권적 질서를 권력의 다극화를 통한 중심의 해체로 가기 위한 새로운 질서의 구축 과정으로, 우리는 기존의 질서를 해체하고 재구축하는 드라마를 기획할 시점에 있다.

제62장

문학과
정치적 기초

道者萬物之奧, 善人之寶, 不善人之所保. 美言可以市, 尊行
可以加人, 人之不善, 何棄之有. 故立天下, 置三公, 雖有拱璧
以先駟馬, 不如坐進此道. 古之所以貴此道者何. 不曰以求得,
有罪以免邪, 故爲天下貴.

도는 만물을 그윽하게 감싸는 행위와 같다. 선한 자에게는 보배
가, 그렇지 않는 사람에겐 보호막이 된다. 본받을 만한 언행은
장안에 널리 회자되고 타인의 존경 대상이 된다. 하물며 인간답

奧　曖와 같다(왕필). 그윽하게 (사랑의 감정으로) 감싸다. 玄妙, 微明.

拱　마주잡다. 여기서는 寶玉.

璧　玉과 같은 뜻.

置　여기서는 임명하다.

如坐 如坐針席　바늘방석에 앉은 것처럼 몹시 불안함.

지 못하다고 어찌 버릴 수 있겠는가. 그런 이유로 주의 왕을 옹립하고 삼공을 임명하매, 네 필의 말이 끄는 마차를 앞세워 온갖 보옥을 바쳤지만, 겸손하게 도 앞에 나아가는 것만 못하였다. 예부터 도를 중히 여긴 까닭이 무엇이겠는가. 구하고자 하면 얻고 죄있어도 면할 수 있는 것은 다 도의 포용력 때문이다.

* * *

정치에 나아감에 갖춰야 할 으뜸 덕목은 인간에 대한 기본 이해이다. 그 이해의 기초가 '도'로 통칭되는 인간학과 윤리학이다(가령, 『격몽요결(擊蒙要訣)』을 보라). 그런데 율곡의 주요한 기획에서 결정적으로 결여하고 있는 것은 상상력의 빈곤에 대한 문제, 다시 말해 언어의 자의식에 대한 부분이다. 시적 언어를 확장하기 위한 훈련, 즉 수사학에 대한 조직적인 공부가 반영되지 않은 결과, 성급한 윤리적 선험이 미학을 대체하는 이념적 프레임을 목도하게 된다. 그 결과 조선의 정치가 심각하게 결여하고 있는 것은 정치의 미학이다. 정치의 미학은 풍류와 멋이 그들만의 것이 아닌, 대중을 향한 정치 행위에도 반영될 수 있어야 궁극적으로 완성된다. 조선 유교 이데올로기에서 배태한 싸움의 기술만이 그대로 근대정치에도 재현되는 모습은 우리의 현단계 정치에 대한 근본적 회의와 함께, 새로운 정치를 위한 기초적 덕목의 중요성을 새삼 환기하게 한다. 여기서 중요한 것은 인간학의 핵심이 바로 문학과 예술이라는 점이다. 지금까지 노자 해석이나 고문 번역 과정에서 이 인식이 거의 전무한 것은 무엇을 의미하는가. 언어에 대한 감각, 예술에 대한 그것을 익히는 것이 왜 정치적 기초가 되는가. 이 질문에 대한 답을 찾아야 겨우 정치학을 공부할 수 있는 것은 옛뿐만 아니라 지금도 진리다.

제63장

무위, 무사, 무미의
정치

爲無爲, 事無事, 味無味. 大小多少, 報怨以德. 圖難於其易,
爲大於其細. 天下難事, 必作於易, 天下大事, 必作於細. 是以
聖人, 終不爲大, 故能成其大. 夫輕諾必寡信, 多易必多難. 是
以聖人猶難之. 故終無難矣.

다시 한 번 부연하면, 정치에 나아감에 앞서 무위, 무사, 무미의
덕성을 아는 것이 필요하다. 어려운 일, 큰 일을 유연하게 처리하
는 지혜와 함께, 또한 이에 버금하게 함부로 일을 벌여 감당하지
못해선 안 된다.

圖　여기서는 꾀하다.

제64장

덕의 실천으로서의 무위

其安易持, 其未兆易謀, 其脆易泮, 其微易散. 爲之於未有, 治
之於未亂. 合抱之木, 生於毫末, 九層之臺, 起於累土, 天理之
行, 始於足下. 爲者敗之, 執者失之. 是以聖人, 無爲故無敗,
無執故無失. 民之從事, 常於幾成而敗之. 愼終如始, 則無敗
事. 是以聖人, 欲不欲, 不貴難得之貨, 學不學, 復衆人之所過,
以輔萬物之自然而不敢爲.

평안함에 이르렀을 때 이를 지키는 것이 덕이다. 징조가 있기 전
에 이를 알아 꾀하고, 어떤 일이 생기기 전에 선제적으로 대응하
며, 난이 일어나기 전에 정치적 수를 발휘하는 것이 덕이다. 무위

脆　연하다, 무르다 취.
泮　얼음이 녹다 반.

를 실천하면 무패하는 이유이다.

제65장   '계식(稽式)'의 의미

古之善爲道者, 非以明民, 將以愚之. 民之難治, 以其智多. 故
以智治國, 國之賊, 不以智治國, 國之福. 知此兩者亦稽式, 常
知稽式, 是謂玄德. 玄德, 深矣, 遠矣, 與物反矣, 然後乃至大順.

예부터 도를 잘 실천하는 사람은 명민함과는 거리가 먼, 오히려
어리석기까지 했다. 국가의 정치에 나아감에도 교활한 기술(지식)
로 하면 오히려 도적이 들끓고 그 역일 때 평안해진다. 이 양자의
긴장을 아는 것을 '계식(稽式)'이라 하는데, 그것이 좋은 정치(덕)
의 으뜸이다.

稽   同과 같다(왕필). 법식, 계.
明   謂多智巧詐(王弼).
愚   謂無知守眞(王弼).
反   진리로 돌아간다(왕필).

이 장 해석에서 기존의 해석이 간과하고 있는 것은 '옛날 도를 잘
행했던 분들은 백성을 명석하게 만들지 않고 오히려 우직하게 만
들었'다는 지문에 대한 접근 방식이다. 대체로 많은 시각들에서
정치가 국민이 똑똑해지는 것을 원치 않는 것처럼 이해하고 있는
데, 그래서 문맥의 관계와 전체를 봐야 할 필요가 생긴다. 노자
가 지식에 대해 크게 호응하지 않은 면이 있는 것처럼 보이는 것
은 사실이지만, 그것을 사실로 받아들일 경우, 우리는 노자의 편
협성이나 진시황의 분서갱유처럼 지적 발전의 장애물로 몰아갈
가능성도 있다. 노자는 말하자면 공자와 달리 지식의 진화와 집
적의 적대자이자, 인류 진화의 걸림돌인 셈이다. 그러나 과연 그
런가. 우리는 여기서 좋은 정치에 대해 생각해봐야 한다. 그가 보
기에 진정한 철인의 정치는 국민과의 끊임없는 교감으로부터 또
한없이 낮아지고 간계를 멀리하는 우직함으로부터 출발한다. 그
러므로 계식의 정치란 정치적 역동성과 함께 정치적 극단을 피하
고자 하는 지혜의 정치를 의미한다. 지혜란 그러므로 "좋은 정치
에 나아가고자 하면 국민을 교묘하게 속여 국민과 나쁜 긴장 관
계를 끊임없이 만드는 분열의 정치가 아니라, 예측 가능하고 신
뢰를 하게 만드는 우직한 믿음의 정치적 관계를" 의미한다. 그러
므로 이 관계 속에서 이해하면 "국민의, 국민을 위한, 국민에 의
한 정치가 어려운 것은 정치가 교활하고 간계에 의해 작동되면,
국민 또한 그렇게 닮아 교활함으로써 싸움이 끊이지 않아 어지

러워지는" 것으로 해석된다. 계식의 정치란 무엇인가에 대한 질문의 핵심을 간파해야 하는 이유이다.

제66장

부쟁

江海所以能爲百谷王者, 以其善下之, 故能爲百谷王. 是以欲
上民, 必以言下之, 欲先民, 必以身後之. 是以聖人處上而民
不重, 處前而民不害. 是以天下樂推而不厭, 以其不爭, 故天
下莫能與之爭.

강과 바다가 깊고 망망한 것은 한없이 낮은(겸손) 태도 때문이다.
능히 으뜸으로 삼을 만하다. 정치에 나아감에 국민 위에 서고자
하면 반드시 물(바다)과 같아야 한다. 겸손이 국민을 더불어 살
아가게 하는(不爭) 거울이다.

推 공경하여 높이 받든다.

제67장 ────── 정치의
세가지 덕목

天下皆謂我道大, 似不肖. 夫唯大, 故似不肖, 若肖, 久矣其細
也夫. 我有三寶, 持而保之, 一曰慈, 二曰儉, 三曰不敢爲天下
先. 慈故能勇, 儉故能廣, 不敢爲天下先, 故能成器長. 今舍慈
且勇, 舍儉且廣, 舍後且先, 死矣. 夫慈以戰則勝, 以守則固,
天將救之, 以慈衛之.

무릇 사람들이 도는 좋은데 (나를) 우둔한 것 같다고 한다. 실체
를 파악하기 어려워 그런 것이다. 손에 잡힐 듯 했다면 미미한 존
재였을 것이다. 이에 관한 3가지 키워드가 있다. 그 하나가 사랑
이고 다음이 검소함이며 마지막이 겸손이다. 사랑이 우리를 용맹

不肖　못나고 어리석다.
舍　버리다. 포기하다.

에로스와 생명정치 ― 道德經 註釋

175

하게 하고 검소함으로 베풀며 겸손이 으뜸의 원천이다. 이 세 가지가 없이 정치를 하면 국민을 고통스럽게 하여 죽이기까지 한다. 사랑으로 전쟁에 임하면 승리하고 그것으로 지키면 견고하여 장래를 약속할 수 있다.

제68장

다시
좋은 정치에 대하여

善爲士者不武, 善戰者不怒, 善勝敵者不與, 善用人者爲之下.
是謂不爭之德, 是謂用人之力, 是謂配天古之極.

좋은 정치란 전쟁을 하지 않고 같이 살고자 하는 것의 실천, 용인
의 능력, 순리에 따라 살고자 하는 자세를 일컫는다.

士 여기서는 武士. 혹은 卒之帥也(王弼)

與 爭也(王弼)

不與 여기서는 아군과 같이 대한다.

제69장　　　　　무행(無行)
　　　　　　　　　　: 정치에 임하는 태도
───────────

用兵有言, 吾不敢爲主而爲客, 不敢進寸而退尺. 是謂行無行, 攘無臂, 扔無敵, 執無兵. 禍莫大於輕敵, 輕敵幾喪吾寶. 故抗兵相加, 哀者勝矣.

전쟁에 임함에, 손(님)을 맞듯이 하고 한 치를 나아가면 한 척을 물러서는 마음이 요구된다. 이런 태도가 활을 쏘지 않고 적을 대하지 않고, 군대를 징집하지 않고도 물리치는 무행의 힘이다. 적을 가벼이 대하면 반드시 큰 화를 입는다. 싸움에 임할 때는 측은지심을 지녀야 하는 것이다.

───────────

攘　물리치다. 제거하다 양.
臂　쇠뇌(여러 개의 화살이나 돌을 잇달아 쏘는 큰 활) 자루(끝에 달린 손잡이) 비.
扔　당기다. 부수다 잉.

178

‑ ‑ ‑

노자의 전쟁관은 안이한 것처럼 보인다. 그러나 그 안이함 속에 인식의 전환을 위한 핵심 가치가 있다. 싸우지 않고 이길 수 있는 방법도 있기 때문이다. 그것을 무행(無行)이라 했다. 말하자면 군대는 전쟁을 위한 것이 아니고 어떻게 하면 싸움을 피할 수 있을까를 연구하고 실천해야 하는 집단이라는 근본적 인식의 전환이 요구된다. 인식의 전환은 궁극적으로 군대 없이도 살아갈 수 있는 지혜를 찾게 된다. 그러니까 가까운 미래의 정치에서 외교(대화), 스포츠, 문학과 예술이 평화를 위한 매개가 될 수 있는 이유이다.

제70장

소통

吾言甚易知, 甚易行, 天下莫能知, 莫能行. 言有宗, 事有君,
夫唯無知. 是以不我知, 知我者希, 則我者貴, 是以聖人被褐
懷玉.

내 말은 알아듣기 쉽고 행하기도 쉬운데 사람들은 그렇게 생각
하지 않는 것 같다. 말(의미)의 뿌리와 일의 근본을 잘 알지 못하
기에 그런 것이다. 대체로 좋은 정치는 누추한 삼베 옷 속에 보석
을 품고 있는 것과 같다(이를 알기가 쉽지 않은 것이다).

宗　　萬物之[主]也, 君 萬[事]之主也(王弼).
被褐懷玉　누추한 삼베 옷 속에 보석을 감추고 있는 사람.

제71장

무지와 무위

知不知上, 不知知病. 夫唯病病, 是以不病, 聖人不病, 以其病
病, 是以不病.

정치가는 자신이 무지하다는 것을 아는 것이 중요하다. 무능함
을 인식하지 못할 때 화를 부른다. 병을 병으로 알 때만 병을 다
스릴 수 있다. 좋은 정치(가)는 병을 병으로 직시할 줄 알기 때문
에 그 병을 치료할 수 있다.

* * *

우리는 인간이 다른 영장류와 차별화되는 가장 큰 특징을 반성
하는 힘으로부터 찾을 수 있다. 테야르 드 샤르댕은 그 능력을

인간의 본질이라고 파악하고 있다. 그에 의하면 "반성이란 그 말이 가리키는 대로 우리 자신에게로 돌아가는 의식의 힘"이다. 그렇기 때문에 "우리 자신을 '대상으로' 놓고 자신의 존재와 가치를 헤아리는 능력이다. 그러므로 반성은 단지 아는 게 아니라 자신을 아는 것이요, 그냥 아는 게 아니라 안다는 것을 아는 것"이다. 이는 최초의 인간이 우주와 지구로부터 다른 여타의 존재들과 더불어 진화를 거듭해오는 과정에서 차별화되는 특별한 생명활동으로 평가된다. 지구와 우주의 생명의 첫 출현을 샤르댕은 세포의 혁명으로 개념화하고 있는데, 그 혁명의 밖은 복잡화의 증가와 다양한 생명적 요소들의 서로 닮음이 혁명의 안(그러니까 의식, 혹은 마음)으로는 의식(얼)의 증대가 함께 일어난다고 하면서 "얼의 변화에 세포조직이 발견되었다는 것"은 결코 우연이 아님을 증언한다. 다시 말해 "의식의 종합 상태가 증가하면서 그와 함께 의식이 증가하"는데, 이를 조금 더 부연 설명하면 "바깥으로는 새로운 형태의 미립자 집합이 이루어져 다양한 크기의 무한한 물체가 더욱 유연하고 농축된 조직을 형성하"고 "안으로는 새로운 형태의 활동 곧 의식의 움직임이" 나타난다. 이처럼 "분자에서 세포로 옮겨가는 것 곧 생명의 발걸음을 우리는 이중변화로 설명할 수 있"다. 그런데 그런 변화의 결과는 무엇인가? 우리는 그것을 "자연에 발생환 물리학 사실이나 천문학 사실만큼이나 뚜렷하게 읽을 수 있다. 자기에게로 돌아가는 반성하는 존재, 그는 곧 새로운 세계로 뻗어나갈 수 있게 된다. 사실 다른 세상이 탄생한 것이다. 추상화, 논리, 선택, 발명, 수학, 예술, 공간과 시간의 측정, 불안, 사랑의 꿈……. 이 모든 것이 자신을 향해 새로 이룩된 중심의 들끓음 바로 거기서 나오는" 것이다. 부연하자면 우리가 말하는 생명 현상이란 우주와 지구를 싸고 있는 모든 사물들의 "의식의 상승이기 때문에 깊이의 변화없이는 계속 앞으로 나갈 수 없"는 것이다. 사랑이 중요한 것은 그것이 생명 현상의 가장 고귀한 진화의 본질에 가깝기 때문이다. 그래서 "만일 아주 미약하나마 분자에게도 서로 하나가 되려는 욕구가 없었다면 높은 단계인 인간에게서 사랑이 나타나는 것은 물리적으로 불가능하다. 우리에게 사랑이 있다고 하려면 존재하는 것에는 모두 사랑이 있다고 해야 한다. 우리 둘레에서 수렴하며 올라가는 의식들 어디에도 사랑은 빠지지 않는다…… 사랑의 힘으로 세상의 조각들이 모여 세상을 이룬다. 이것 무슨 비유가 아니다. 시 이상이다. 우주의 샘과 같은 그 힘을 느껴보려면 사물의 안으로 들어가보면 된다. 거기에는 끌어당시는 얼(의식)이 있기 때문"이다. 다시 말해 "사랑은 우주의 얼이 개체에 수렴될 때 개체 속에 직접 남은 흔적 이상도 이하도 아닌" 것이다.

반성하는 의식은 그러므로 사랑을 절대적 전제로 한다. 그 사랑이 반성하는 의식과 함께 할 때 근대의 과학과 자본 축적을 비약적으로 확대시켰다. 그 중심에 데카르트가 있다. 그의 공과는 선명하게 대립된다. 대립의 다른 편에서 볼 때, 데카르트의 사물과 세계를 향한 회의 정신은 인간과 다른 관계들을 대립쌍을 통해 차별화하고, 객관화함으로써 인간중심주의, 유럽중심주의, 남성중심주의의 근대 이데올로기를 견고하게 하는 데 결정적 기여를 했다. 그 밑바탕에 'cogito ergo sum', 즉 생각하는 주체로서의 인간이 있다. 그런데 그 인간은 자신이 회의하는 존재라는 것만은 의심할 수 없다라는 명제를 전파함으로써 자신과 세계를 보다 투명하게 응시할 수 있는 에너지를 얻게 되었다. 중요한 것은 그 태도의 모티브를 노자가 이미 일러 주었다는 점이다.

제72장

정치적 불신

民不畏威, 則大威至. 無押其所居, 無厭其所生. 夫唯不厭, 是以不厭. 是以聖人自知, 不自見. 自愛, 不自貴. 故去彼取此.

국민이 정치적 불신을 갖게 되면 그 정치는 큰 위기에 이른다. 정치의 기본은 국민의 의, 식, 주를 면밀하게 살피는 일이다. 무릇 좋은 정치는 없는 듯 있는 정치이다.

厭 누르다 엽. 싫어하다 염. 빠지다 암.

生 日常.

不自見 자화자찬하다. 교만하지 않다. 不自見其所知, 以耀光行威야(王弼).

不自貴 거만해지지 않다.

제73장

다시
나아감과 물러남에 대하여

勇於敢則殺, 勇於不敢則活. 此兩者, 或利或害, 天之所惡, 孰
知其故, 是以聖人猶難之. 天之道, 不爭而善勝, 不言而善應,
不召而自來, 繟然而善謀. 天網恢恢, 疏而不失.

전쟁에 임함에 있어 용맹한 것처럼 보이는 자 먼저 죽임을 당하고
오히려 이를 감추는 자 살아남는다. 양자는 혹은 이롭고 혹은
그렇지 않은데, 이 원리를 누가 알 수 있겠는가. 하늘의 도는 싸
우지 않고 이기고, 말하지 않아도 서로 통하고, 엉성한 듯해도
좋은 결과를 꾀할 수 있는 것이다. 도의 원리는 성긴 그물처럼 보

孰　誰也(王弼).
天之所惡, 孰知其故　누가 하늘의 뜻을 알 수 있겠는가?(따라서 성인도 알기 어렵다)
繟然　늘어지다. 넉넉하게 되다. 천연.

이지만 촘촘하다.

* * *

잘못 읽으면 노자의 기회주의로 귀결되는데, 콘텍스트를 필요로 한다. 노자 사상의 핵심은 밝음과 어둠, 삶과 죽음, 하늘과 땅, 나아감과 물러남의 변증적 긴장에 있다. 여기서의 용맹은 가식일 가능성도 있고, 무지한 용맹일 수도 있으며, 싸움을 즐기는 자의 힘에 대한 아이러니일 수도 있다. 감추는 자는 비겁하거나 그렇기 때문에 기회주의자가 아니고 사회적 행태와 덕목에서 부쟁, 불언, 불초, 천연의 인식으로 관계하는 존재이다. 그는 나아감에 앞서 반드시 물러남을 먼저 준비하는 존재이다. 뭇 생명에 대한 사랑과 평화의 마음이 내면화되어 있기 때문이다. 그 인식이 생명의 지속성을 가능하게 한다.

제74장 　　　　　　　정치와 공포
———————

民不畏死, 奈何以死懼之. 若使民常畏死而爲奇者, 吾得執而
殺之, 孰敢. 常有司殺者殺, 夫代司殺者殺, 是謂代大匠斲, 夫
代大匠斲者, 希有不傷其手矣.

국민이 죽음을 두려워하지 않으면, 어떻게 죽음으로 그들을 위협
할 수 있겠는가. 그리하여 만약 국민 중에 죽음을 두려워하는 자
가 범법을 저질러 그를 사형시키고자 할 때 누가 선뜻 나서서 그
일을 수행할 수 있겠는가. 사형 집행인을 누가 대신한다고 할 때,
그렇다면 가령 명장 목수를 대신해 가구 제작을 맡은 자가 그 일

———————

奇　詭異亂群, 謂之奇也(王弼). • 爲奇 괴이함으로 뭇 세상을 어지럽히다.
大匠　최고의 장인, 명장.
斲　베다, 깎다 착.

188

을 수행함에 다치지 않을 자신이 없는 것처럼, 제대로 할 위인이
있겠는가.

* * *

여기서 사형은 법 적용의 투명성과 엄격함을 은유한다. 사형의 엄
격함과 함께 정치의 투명함은 국가 유지의 근간이다. 유전무죄의
정서가 깊게 깔려있는 한국의 정치가 부패하고 부조리한 것은 이
미 잘 알려진 사실이다. 이를 적당히 봉합하고 굴러가는 사회에
미래가 불투명할 것은 명약관화하다. 국가 구조를 바꾸는 일의
당위성을 역설해도 좋다.

제75장

세금의 형평성과 투명성, 혹은 조세 저항에 대하여

民之饑, 以其上食稅之多, 是以饑. 民之難治, 以其上之有爲,
是以難治. 民之輕死, 以其上求生之厚, 是以輕死. 夫唯無以
生爲者, 是賢於貴生.

세금의 착취가 국민을 굶주리게 하는 원인이다. 인위(술수)의 정치
가 국민을 고통스럽게 한다. 심지어 생활의 고통으로 목숨을 끊
기까지 하는 것은 정치의 탐욕이 도를 넘었기 때문이다.

＊ ＊ ＊

예나 지금이나 세금이 정치의 가장 중요한 세목인 것은 두말할
필요도 없다. 세금 관련 주변은 늘 부패와 부정의 싹이 움트는 최

적의 조건을 이룬다. 세금의 형평성이 무너질 때 위기가 함께 닥친다. 가령 한국의 경우 부유세(자본세) 도입의 필요성이 끊임없이 제기되고 있는데, 이는 조세 형평성과 긴밀하게 관련된다. 간접세의 비율이 높은 것도 문제다. 담배세의 경우도 유사하다. 병영 국가주의 그림자가 깊은 사회 특성이 이런 결과로 나타났다. 정치 구조를 넘어 국가 구조를 어떻게 바꿀 것인가에 대한 논의가 우후죽순처럼 일어나야 할 필요가 있다.

제76장

부드러움의 힘

人之生也柔弱, 其死也堅强. 萬物草木之生也柔脆, 其死也枯槁. 故堅强者死之徒, 柔弱者生之徒. 是以兵强則不勝, 木强則共. 强大處下, 柔弱處上.

모든 살아있는 것은 부드럽고 유연하다. 강하고 딱딱한 것은(군대) 죽은 것이다. 강한 힘을 과시하는 가령 군대는 죽은 무리이다. 강한 군대만으로는 궁극적으로 국가를 유지할 수 없다. 문학과 예술 같은 부드럽고 유연함이 생명력의 원천이다.

柔脆 부드럽고 유연함. 유취.
枯槁 초목이 말라 물기가 없음. 야위어서 파리함.

부드러움의 힘

핵무기를 보유한 북한과 그것에 경쟁하며 온갖 무기와 군대에 천문학적인 세금을 쏟아붓고 있는 남한 모두 일차적으로는 국민에게, 나아가 인류에 죄를 짓는 일을 저지르고 있다는 것을 명심해야 한다. 군비 경쟁과 대결로는 결코 목적하는 평화와 통일을 이뤄내지 못한다. 병영국가주의 잔영이 짙게 깔려있는 남한에서 군대 해산을 통한 새로운 평화 구축의 프로그램은 꿈도 꾸기 힘든 현실이다. 그래서 국가 구조를 바꾸는 일을 시작해야 할 때가 되었다는 것이다. 이를 통해 우리는 군대 자체가 어떻게 국민의 내면을 좀먹고 그것을 통해 권력을 재생산해왔는가를 해부해봐야 할 단계에 이르렀다.

제77장

정치 구조를 넘어
국가 구조를 바꾸는 일

天之道, 其猶張弓與. 高者抑之, 下者擧之. 有餘者損之, 不足
者補之. 天之道, 損有餘而補不足, 人之道則不然, 損不足以
奉有餘. 孰能有餘以奉天下, 唯有道者. 是以聖人爲而不恃,
功成而不處, 其不欲見賢.

좋은 정치는 활시위를 당기는 것과 같다. 좋은 정치는 부유한 자
의 세금으로 그렇지 못한 사람의 삶에 기여하지만, 나쁜 정치는
오히려 서민의 세금으로 기업을 살리는 데 쓰인다.

※　※　※

이 불합리한 세금 구조에 왜 시민들은 저항하지 않는가. 그것은

현상적으로 보아 이기기 힘든 싸움이기 때문이다. 그러므로 싸움의 구조를 바꿔야 한다. 그들이 원하는 싸움이 아니라 우리가 원하는 싸움의 구조를 만드는 것이다.

좋은 정치는 불가능한 단계로 진입하고 있다. 남한의 정치가 병영국가주의의 강력한 자장 안에 있는 한 어떤 이노베이션도 궁극적으로는 죽음의 정치로 수렴될 수밖에 없다. 그것은 북한의 경우도 마찬가지다. 거의 왕조화된 딱딱한 정치, 군사화된 정치는 죽임의 정치다. 이 정치를 끝장내는 길은 궁극적으로 분단체제를 해체하는 것이다. 그러기 위해서 우리는 우선 남한만이라도 진정한 자치의 정치, 생활 정치, 마을 정치를 복원하고 재구조화하고 새롭게 시작하는 다양한 에너지의 분출이 필요하다. 일상의 혁명으로부터 국가의 구조 변화는 시작되기 때문이다.

제78장   정언(正言)

天下莫柔弱於水, 而攻堅强者莫之能勝, 以有無以易之. 弱之
勝强, 柔之勝剛, 天下莫不知, 莫能行. 是以聖人云, 受國之垢,
是謂社稷主, 受國不祥, 是謂天下王, 正言若反.

좋은 정치는 물과 같이 부드럽고 유연하다. 그러나 현실 정치는
강하고 견고한 것에만 매달려 이를 실천하지 못한다. 좋은 정치
를 위해서는 어렵고 험한 일, 위험한 일 앞에 정언으로 나아갈 수
있는 용기가 필요하다.

易   교환하다 역.
垢   여기서는 어렵고 험한 구.

제79장   더 좋은
                   정치에 대하여

和大怨, 必有餘怨, 安可以爲善. 是以聖人執左契, 而不責於
人. 有德司契, 無德司徹. 天道無親, 常與善人.

좋은 정치는 원한의 앙금이 남지 않아야 한다. 가령, 그래서 좋은
관리는 빚진 자(좌계)의 입장에서 책임을 다하고자 하는 자이다.

執   처리하다. 다스리다.

左契   둘로 나눈 부신(符信)의 왼쪽의 것 하나를 자기(自己) 손에 두어 좌계로 하고,
        다른 것을 상대방(相對方)에게 주어 우계(右契)로 함.

司徹   주나라 조세 제도에서 철 생산량의 십분의 일을 징수, 징수 관리.

제80장

이상국가,
혹은 마을자치와 꼬뮌

小國寡民. 使有什伯之器而不用, 使民重死而不遠徙. 雖有舟車, 無所乘之, 雖有甲兵, 無所陳之. 使民復結繩而用之, 甘其食, 美其服, 安其居, 樂其俗. 隣國相望, 鷄犬之音相聞, 民至老死不相往來.

소국과민이란 무엇인가(왜 소국과민인가). 다음과 같다. 수만 가지 무기와 군대가 있으나, 국민의 생사를 중히 여겨 함부로 원정(정

小國寡民 딴바의 수와 꼬뮌.

重死 전쟁을 함에 있어 죽임을 무겁게 여긴다. 함부로 살생하지 않는다.

結繩 글자가 없었던 시대(時代)에, 노끈으로 매듭을 맺어서 기억(記憶)의 편리(便利)를 꾀하고 또 서로 뜻을 통(通)하던 것.

相往來 꼬뮌의 국가에서는 마을간 경계가 느슨하지만 탐욕스럽게 이웃 마을을 침략하지 않는다. 함부로 넘보지 않는다.

복)하지 않는다. 배와 마차 역시 쓸모가 없는데, 군대와 진지가 무용함과 같다. 구술시대에 맞먹는 공동체를 복원하여(結繩), 맛있는 음식과, 좋은 옷과, 편안한 집과, 아름다운 음악을 누린다. 이웃나라가 서로 존경하매 닭 우는 소리와 개 짖는 소리가 들릴 정도로 가까워도 늙어 죽을 때까지 넘보지(침략) 않는다.

✳ ✳ ✳

현대적 의미에서 소국과민은 어떤 정치적 메커니즘으로 설명 가능할 수 있을까. 근(現)대와 근대 이후의 정치와 문화를 패러다임의 차원에서 직시할 때, 우리는 현단계 디지털 혁명을 통해 전개되고 있는 새로운 문화적 비전을 문화혁명의 차원으로 승화할 수 있는 몇 모티브를 발견할 수 있다. 근대 이후의 비전과 관련하여 특히 현단계 디지털 문화혁명이 중요한 것은 근대적 문화와 국가의 구조를 균열내고 새로운 민주주의와 새로운 국가 구조의 가능성을 동시에 촉발할 수 있는 '삶의 영구혁명'을(르페브르는 68혁명 이후의 비전을 "국가의 소멸은 여전히 목표이며 의미이다…… 혁명이 어려워지고, 또 혁명이 다른 차원으로 물러서고 있는 때에, 문화의 차원이 눈에 띄었다"라고 언술하고 있는데, 바로 '디지털 노마드'로 통칭되는 새로운 문화의 시대를 우리는 디지털 민주주의를 넘어 새로운 국가 형태의 '직접행동민주주의'로의 진입으로 상정해볼 수 있다) 내포하고 있기 때문이다. 인터넷을 통해 전개되고 있는 새로운 형태의 '직접민주주의'는 초기의 부족국가에서 행해지던

민주주의를 유사한 형태로 재현하고 있는 것처럼 보인다. 디지털 혁명으로 야기된 인간 관계의 변화와 정보 접근의 새로운 양상은 의식의 변화와 삶의 변화를 다양한 형태로 촉발하고 있다. 주지하듯이 초기 부족국가의 마을 형태에서 엿보이는 구술성의 문화, 사람과 사람간의 미디어성, 사적 영역과 공적 영역의 혼재, 사생활의 노출과 부재, 상대적으로 빠른 정보 유통과 균질적인 정보 공유, 직접민주제의 작동 가능성, 자생적인 평판체계의 작동은 새로운 민주주의와 관련하여 주목을 요하는 대목이다. 이러한 원리가 작동하기 위해서는 근본적으로 인구 수의 적절한 제어가 필수적이다. 바로 이 문제 때문에 게마인샤프트로서의 꼬뮌을 주목하게 되는 것이다. 던바는 그것을 약 150인 정도, 혹은 많아야 100호 내외의 가구로 규정하기도 한다. 이는 정보의 소통과 속도, 인간 관계의 친화성을 높이기 위한 과학적 원리와 제약 때문이다. 가령, 클로드 레비스트로스의 재구성을 통해 공개된 케지라 촌락의 보로로족 주거 구성도를 보면 독신자 주거지를 중심으로 약 200m 내외의 구역 안에 촌락이 원형의 배치를 이루고 있는데, 이는 이 촌락의 민주주의와 그에 따른 삶의 방식을 지혜롭게 지속하는 데 중요한 의도적 공간 설계인 것처럼 보인다. 그런데 놀라운 것은 그 공간의 인구 밀도와 인간 관계, 정보의 유통이 마치 오늘날 우리가 디지털로 접하는 새로운 형태의 정보커뮤니케이션과 유사한 패턴을 보인다는 점이다. 가령, 문자화된 구술성(혹은 구술문화의 복원), 중첩된 공간, 공적 영역과 사적 영역의 모호성, 개인미디어의 등장, 실시간 커뮤니케이션과 이를 통한 직접

민주제의 가능성, 평판체계의 재구성, 집합적 지성의 출현 등은 근대 자본제에 의한 국민국가와는 전혀 다른(특히 병영국가주의 형태의 한국) 문화혁명의 가능성을 엿보게 하는 보기이다. 가능성의 중심에 국가구조의 변화가 있다. 따라서 그 전제의 최종심급에서 우리는 '소국과민'으로 통칭되는 노자의 정치철학에 대한 재해석의 요구에 직면하게 된다.

제81장

에필로그
시적 언어와 정치적 언어

信言不美, 美言不信. 善者不辯, 辯者不善. 知者不博, 博者不知. 聖人不積, 既以爲人, 己愈有, 既以與人, 己愈多. 天之道, 利而不害, 聖人之道, 爲而不爭.

달콤한 언변은 (오히려) 추악하다. 신실한 말은 수사를 넘어서는 것이다. 좋은 정치는 (말의 본래 의미로) 물러갈 때를 먼저 마련하는 것이다. 궁극적으로 진정한 정치는 (언어적) 부쟁(不爭)의 그것이다.

信言不美 진실한 말은 꾸밈이 없다.
美言不信 本在樸也(王弼).

*　*　*

정치란 무엇인가. 한마디로 그것은 생물과 같아서 살아 움직이며, 그러므로 벡터적 에너지를 내재하고 끝없이 진화한다. 그 정치에 대한 깊은 응시가 없으면 괴질과 역병이 돌고 크고 작은 전쟁이 끊이지 않는다. 도탄에 빠진 민중이 살길은 일단 도주하고, 훔치며, 마침내 다른 국가를 꿈꾸는 것이다. 그 꿈꾸는 국가의 기초가 되는 것은 생명이며 그 생명의 전제가 사랑이다. 그렇다는 점에서 노자의 에로스는 대긍정의 생명을 잉태하고 있다. 그 잉태를 언어로 수식하기 어려운 것은 그 언어가 시적 그것이기 때문이다. 가장 높은 시적 상태에 도달한 노자의 언어는 그러므로 이중구속된 언어다. 우리가 노자를 읽을 때 반드시 인식해야 할 언어적 자의식과 시적 잉여성은 넘어야 할 산이다. '무의식은 언어처럼 구조지어져 있다'(자끄 라깡)라는 아포리아를 적절한 비유로 인유할 수 있다. 지문에서 사실 방점이 찍힌 곳은 리비도가 아니라 언어다. 언어의 성감대를 향한 탐사는 마침내 그로 하여금 '무의식은 언어다'라는 폭력적 은유를 구사하는 데까지 나아가게 하는데, 이는 언어를 통해서만 인간은 공상할 수 있고, 그런 점에서 언어가 상상력의 원천이라는 전향적 인식이 작동하고 있다. 노자의 언어가 시적 언어라는 강조는 우리로 하여금 도에 대한 해석을 언어의 회로 속으로 유인하고 가두는 힘을 발휘한다. 그럴 때 우리는 불립문자라는 해석의 어설픔을 명증하게 이월할 수 있다. 그것은 의식을 가두는 것이 아니라 오히려 확장하고 극대화한다. 더 정확하게 말해 언어가 인간의 상상력을 확장한다. 각각의 존재들은 그들의 언어적 집적만큼 상상하고 그만큼 해석의 확장을 꾀할 수 있다. 그러니까 불립문자는 없다. 조금 거칠게 말해 문자로 표상되지 않는 상상은 공상이 아니다. 시적 언어의 힘을 알 수 있다. 노자가 그것을 직시했다.

미
적
인

것
과

에
로
스

우리 시대의 정치를 생각한다. 포악한 자본처럼, 정치가 시민의 삶을 단속적으로 위협하는 치명적인 무기가 되고 있다는 예감이 있다. 이제 정치가 시민의 삶을 위한 매개가 될 수 있다는 희망은 거두는 것이 좋을 것이라는 생각이다. 아이러니지만 그렇다면 우리는 살아남기 위해, 더 잘살기 위해 정치적 인간이 될 수밖에 없는 필연적인 시대를 살고 있는 셈이다. 그 정치적 인간은 정치의 생활화, 생활의 정치화로 특징지어지는 일상의 정치를 말한다. 전문가 정치, 정치꾼의 정치로부터 아마추어의 정치, 주민의 정치를 위한 패러다임의 전환이 진행 중이라는 직감이 있다. 이 미시정치를 가능하게 하는 것이 일상에 대한 응시이다. 나날의 삶과 소소한 행복에 대한 기대는 미시정치를 동전의 양면으로 하게 되어 있다. 크고 작은 불화와 갈등이 표출된다. 일상의 응시가 그것을 볼 수 있게 한다. 정치의 부재, 다시 말해 '치안'이 '정치'의 탈을 쓰고 기만해온 시간들에 대한 직시는 현실정치가 시대와 현상의 여러 삶의 조건들을 위태롭게 한다는 것에 대한 명중한 성찰이다. 보다 날카롭게 민중의 시야 속으로 들어온 이런 정치의 행태들은 그것의 임계점에 이른 오늘의 정치를 보면서 근본적인 문제에 직면하게 된다. 우리가 희망하는 정치는 시효 만료에 다다른 정당정치, 따라서 의회정치를 이월하는 정치다. 임계점을 넘어선 현실정치의 다른 편에 어떤 정치가 가능할까. 그 질문의 기원 때문에 보다 긴 호흡으로 우리는 플라톤과 나아가 노자의 미적 언술(들)을 다시 한 번 저작해볼 필요가 있다.

플라톤의 에로스

서구 정치철학의 비조로 평가되는 플라톤의 정치에 대한 직접적 문제의식은 그의 스승 소크라테스의 독배로부터 촉발된 것이지만, 더 근본적인 것은 당시의 도시국가가 근원적으로 내재하고 있는 전쟁과 죽음의 공포, 더 좁혀서 말하면 정치의 착종으로부터 기원한다. 『국가』와 『법률』이 그 결과물이다. 우리가 보려는 것은 이 저작을 추동하는 지배소에 관한 것이다. 그 지배소를 『향연』에서 만날 수 있다.

플라톤의 심미적 집적을 관통하는 『향연』의 지배소는 '에로스'이다. 문맥에서 에로스는 문학과 철학을 이해하는 원초적인 언어이면서 세계 이해의 근본을 향한 질문을 내포하고 있다. 그런 면에서 플라톤의 에로스는 본질을 관통하면서, 한편 그것을 왜곡한다. 왜곡은 언어의 본질이다. 그 언어의 내면에 이미 플라톤의 욕망, 언어적 에로스(성적 리비도)가 작동하고 있기 때문이다. 마침내 에로스는 인간의 가장 내밀한 형식이자 내용을 이룬다. 한 단상에서 롤랑 바르트는 그 내밀한 속을 '살갗'으로 포착함으로써 흥분할 만한 육체적 기억을 언어에 입힌다. 그는 말한다. "언어는 살갗이다. 나는 그 사람을 내 언어로 문지른다. 마치 손가락 대신에 말이란 걸 갖고 있다는 듯이, 또 내 말 끝에 손가락이 달려 있기라도 하듯이. 내 언어는 욕망으로 전율한다."[1] 욕망의 다른 이름인 언어가 사랑의 최종심급에 위치한다. 언어가 곧 사랑인 것이다. 『향연』이 에로스에 대한 이야기이자, 이야기에 대한 에로스인 이유가 여기에 있다. 그러니까 플라톤은 인간의 원초적 욕망인 에로스를 생명 현상의 기초이자 본질로 이해하고 있었다는 점에서 함께 공유하고자 하는 노자의 언어와 상동성을 띠며, 이야기의 욕망을 에로스의 최종심급으로 한다는 면에서 다시 노자와 갈등하는 것처럼 보인다. 플라톤에게 양자는 변증적 종합을 통해 나아가야 할 어떤 무엇이다. 그에게 이야기 욕망은 향연의 다른 이름이다. 우리는 여기서 문학과 철학의 변증적 종합을 엿볼 수 있는데, 텍스트의 설계에 이미 그 맹아가 있다.

'향연'의 동기는 기원전 416년경 비극 경연에서 우승한 아가톤을 축하하기 위해 모인 10인 내외의 명사들이 심포지엄, 그러니까 술과 여인과 더불어 고담준론을 펼치기로 했으나 파우사니아스를 비롯하여 아리스토파네스, 에뤽시마코스, 파이드로스가 전날 이미 과음한 탓으로 음주가무는 각자에게 맡기기로 하고, 대신 에뤽시마코스가 에로스에 대해 논하자고 제안함으로써 애지

---

1) 『사랑의 단상』, 101쪽.

의 향연을 향한 문을 연다. 텍스트는 에로스에 관한 이야기의 아버지로 알려진 파이드로스가 첫 화자로 등장해 무한한 찬미를 시작하면서 전개되는데, 특히 그 기원을 설파하는 과정에 흥미로운 화두를 던진다. "맨 처음에 카오스(틈)가 생겨났고 다음으로 늘 모든 것들의 굳건한 터전인 가슴 넓은 가이아, 그리고 에로스가 생겨"[2]났다. 이 지문의 감각적 상상은 우리로 하여금 사랑과 생명의 원초적 관계성을 엿볼 수 있게 한다. 궁극적으로 플라톤은 카오스를 무질서나 혼돈으로 이해하지 않고 '틈'으로 이해하며 그 틈으로 만물이 태어나고 그 만물이 태어난 다음 에로스가 생겨났다고 진술한다. 그 진술은 놀랍게도 노자의 '有名'(만물의 모태) 개념과 상응한다. 미묘한 이해의 차이에도 불구하고 플라톤의 생명과 에로스의 관계를 이해하는 수준은 노자의 그것과 유사하게 이해될 수 있다. 한걸음 더 나아가 에로스가 궁극적으로 인간의 불사의 꿈을 향한 동기를 부여한다는 생각은 노자 6장과 거의 정확하게 겹친다. 그 중첩의 질적 확장을 거쳐 "아주 어렸을 적부터, 자기를 사랑해주는 쓸 만한 사람을 갖는 것보다, 그리고 사랑하는 사람에게는 쓸 만한 소년 애인을 갖는 것보다 더 크게 좋은 어떤 것이 있을지 나로서는 말할 수 없"[3]다는 아름다운 것, 좋아하는 것을 욕망하는 것의 아름다움을 찬미하기에 이른다. 아리스토파네스의 웅변에서 그것은 극에 달한다. 그는

---

2) 『향연』, 70쪽.
3) 위의 책, 71쪽.

원래 인간의 성은 남, 녀만이(남-남, 여-여) 아닌 남녀추니hermaph-
rodite까지를(남-여) 포함하는데, 문제는 이들이 "힘이나 활력이
엄청났고 자신들에 대해 대단한 생각을 가지고" 있었으며, 무엇
보다 "신들을 공격하게 되었"다는 점이다. "제우스와 다른 신들"
이 그런 방종한 자들에 대해 "무슨 일을 해야 할지를 숙의하면서
어쩔 줄 몰라 막막해"하면서도 한편 "그들을 죽이거나 거인들에
게 그랬던 것처럼 벼락을 쳐서 그 족속을 싹 없애 버릴 수도 없"는
딜레마에 빠지게 된 것은 "인간들에게서 그들이 받는 숭배와 제
사가 싹없어져 버리게 될"까 한편으로는 두려웠기 때문이다. 그
래서 짜낸 묘안이 "그들 각각을 둘로 잘"라 떨어져 있게 하는 것
이다. 이 이별의 벌이 궁극적으로 인간으로 하여금 그리움과 열
애의 감정을 더 크게 한 원동력이 되었다. 인간에게 에로스는 제
우스의 가혹한 형벌이자 동시에 세상 만물의 생명을 지속하게 하
는 숙주로 작동한다. 불사의 사상 근간을 공유하고 있다는 점에
서 플라톤은 노자의 사유와 일정 부분 겹친다. 인간은 근본적으
로 신 앞에 불완전한 반쪽이라는 것, 그 반쪽의 결여가 오히려 인
간으로 하여금 생명 현상을 향한 불사의 욕망을 낳게 하는 원동
력이 되었다는 것, 그리고 마침내 그렇기 때문에 인간은 '부절'을
지니고 끊임없이 다른 반쪽을 욕망하는 과정으로서의 삶을 살
수밖에 없다는 것이다. 이야기의 클라이막스에 이르게 되자 소크
라테스가 등장하고 그는 만티네아의 여인 디오티마를 등장시켜
에로스에 대한 궁극적 전회를 시도한다. 그에 의하면 에로스는
X를 욕망한다는 것인데, 욕망한다는 것은 자기가 결여한 것을

욕망하는 것이니까, 궁극적으로 에로스는 자신이 결여하고 있는 X를 사랑하는 것이라는 변증적 논리를 편다. 그러나 이것만으로는 에로스에 대한 종합에 이를 수 없다는 것을 디오티마가 적시한다. 그녀는 에로스가 풍요로움을 대변하는 신 포로스와 반대로 결핍을 대변하는 여인 페니아가 아프로디테의 생일날 동침하여 태어났는데, 양쪽의 본성을 똑같이 나눠가지고 있어서 풍요와 결핍, 미와 추, 지혜와 무지 사이에 있으며, 그렇기 때문에 늘 지혜를 좇아 욕망하는 자이다. 마침내 우리는 여기서 에로스의 이중구속적[4] 자질을 발견한다. 말하자면 에로스가 좋아하는 것을 욕망하고 추구하는 것이긴 하지만, 그 본질은 양가적 속성을 포괄하고 있다는 것이다. 디오티마가 포이에시스의 유비를 통해 에로스를 좋은 것에 대한 추구라고 정의하는 과정이 이에 대한 통찰에서 비롯된 것이라 할 수 있다. 그런데 바로 그 통찰이 에로스를 애지의 차원으로 끌어올린다.

그리하여 "지혜는 그야말로 가장 아름다운 것들에 속하는데, 에로스는 아름다운 것에 관한 사랑이지요. 그래서 에로스는 필연적으로 지혜를 사랑하는 자일 수밖에 없고, 지혜를 사랑하는 자이기에 지혜로운 것과 무지한 것 사이에 있을 수밖에"[5] 없게 된다. 흡사 공자와 그 제자들의 문답 형식과 유사하게 디오티마를 앞세운 소크라테스의 대화는 에로스의 본질이 육체적 향연을

---

4) *Steps to an ecology mind*, pp. 271~273.
5) 『향연』, 131쪽.

넘어 궁극적으로 애지를 욕망하게 되는 과정을 함축적으로 요약하고 있다.

> 디오티마 : 아름다운 것들을 사랑하는 자는 무엇을 사랑하는 겁니까?
> 소크라테스 : 자기 것이 되기를 사랑하는 거죠.
> 디오티마 : 좋은 것들을 사랑하는 자는 무엇을 사랑하는 겁니까?
> 소크라테스 : 자기 것이 되기를 사랑하는 거죠.
> 디오티마 : 그런데 좋은 것들이 자기 것이 될 때 그에게 무엇이 있게 됩니까?
> 소크라테스 : 그는 행복하게 될 겁니다.

이 대화는 가상실재의 성격을 띠고 있는데, 주목되는 것은 에로스가 궁극적으로 인간이 아름다운 것 안에서 출산을 추구하는 불사의 사상에 맞닿아 있다는 점이다. 이 불사적인 것에 대한 이데아가 생물학적 사랑과 영혼의 에로스를 융합하려는 인간의 욕망을 낳았다. 그 욕망이 몸의 아름다움보다 영혼의 아름다움을 추구하려는 애지의 세계로 인간을 이끌기 때문이다. 승화된 향유는 지적 쾌락을 통해 간취될 수 있다. 우리가 상아탑이라고 부르기도 하는 대학에서의 학문이 아마도 그럴 것이다. 근원적인 지식은 마치 에로스의 에피소드처럼 사람의 만남과 만남을 통해서만 궁극적 심화에 이를 수 있다. 같이 있음, 혹은 만남을 뜻하는 고대 그리스어 시누지아(syunousia)는 성교의 뜻을 내포하기도 한다. 우리는 여기서 플라톤의 향연이 인간의 가장 내밀한 만남의 형식인 사랑의 충만과 향유의 단계를 거쳐야 가능한 것임을 엿볼 수 있다. 인간이 추구하는 지적 진리란 근본적으로 인간의 가장 내밀한 만남의 행위인 인간이 인간을 사랑하는 것과 관계한다. 플라톤은 그 궁극을 묘령의 여인 디오티마의 입을 빌어 전개함으로써 이중의 효과를 노린다. 사랑과 여성성, 그것을 포괄하면서 초월하는 이야기 욕망에 대한 무한의 향연이 그것이다. 무한의 향연이 실은 영원불멸을 향한 불사의 사상을 낳았으며, 우리가 흔히 인문이라고 부르는 인간학에 대한 사유를 확장해온 원동력이 된다.

이를 어렴풋이 엿본 프로이트는 그의 후기 임상보고서들에서 숱하게 반복되는 사례분석을 거의 서사적 완성을 향해 바치고 있다. 프로이트를 서사론적 관점에서 설명하고 있는 스펜스의 주장에 따르면 프로이트가 치료를 위해 수집한 자료들, 이차적으로 그 자료 분석을 위해 재구성한 서사 뭉치들은 "환자의 이야기 중 토막난 것을 잇고, 틈새가 있는 곳을 메꾼 분석적 담론에 다름 아니"며, 그런 점에서 "환자의 불완전한 텍스트를 보완하고 보충하여 잘 짜여진 분석적 텍스트를 엮어 나갈 때 그는 독백적으로 관찰자적 위치에" 머무는 것이 아니라 그 자신이 환자의 문제에 역 전이적으로 참여하여 대화적 이야기를 완성해 나가는 과정을 황홀하게 수행하게 되는 것이다. 이 전무후무한 창조적 작업의 과정을 통해 프로이트는 마침내 '정신분석학은 본질적으로 서사학이다'라는 아포리아를 완성해낸다. '프로이트로 돌아가

자'라고 외치면서 그를 전복적으로 초월한 라깡은 바로 이 문제에 주목해 '무의식(욕망)은 언어처럼 구조지어져 있다'라고 진술함으로써 욕망(리비도)의 심연이 곧 언어라는[6] 은유에 이르게 된다. 직역하면 『향연』은 곧 언어적 카니발의 다른 명명인 셈이다. 그말의 잔치가 인간 최고의 육체적 향연인 에로스, 곧 성애와 같은 위계에 있다는 것은 플라톤의 지적 통찰이다. 학문이 언어로부터 시작된다는 것은 췌언을 요하지 않는다. 학문은 그러므로 좀 거칠게 축약하면 언어의 성감대를 향한 탐구의 도정 그 이상도 이하도 아니다. 인문적이란 바로 이 언어의 성감대를 향한 지난한 경주를 의미한다. 인문을 인문답게 하는 것은 바로 그 언어의 탐구를 통해서 가능하다. 그런 의미에서 플라톤이 강조한 에로스의 최종심급은 언어의 성감대를 향한 열망과 다른 것이 아니다. 우리가 피상적으로 이해하고 있거나 회피하는 『도덕경』의 불립문자가 문자에 대한 에로스의 위계를 획득하는 과정과 깊이 관계하고 있다는 것을 아는 것은 그러므로 (인문적) 발견이다. 『도덕경』은 동아시아적 언어의 은유 혹은 불립문자라고 흔히 부른 언어의 집적과 그 수사학이 도달한 최고의 위계에 위치한다. 그렇기 때문에 우리는 이 텍스트를 언어의 향연, 플라톤적 에로스의 위계에서 나란히 음미하고 향유할 수 있는 단서를 마련한다. 언어의 성감대를 향한 『도덕경』의 콘텍스트는 그 자체로 이미 인간이 경

---

6) 『라깡의 주체』, 32쪽.

험할 수 있는 에로스의 한 경지인 것이다.

노자와 에로스

노자의 언어적 감수성은 투명하고 깊으며 넓다. 『도덕경』 10장을 면밀하게 응시해보면, 다소 밋밋한 독서 과정에서 흥미로운 지문 하나를 발견한다. 이른 바 '천문개합 능위자호(天門開闔 能爲雌乎)'가 그것인데, 지금까지 노자 해석에 가장 뛰어난 것으로 평가되는 왕필 역시 이에 대해서는 기대할 만한 결과에 도달하지는 못하고 있다. 사실 번역은 궁극적으로 해석이 되어야 하고, 그 해석은 기존 텍스트와의 의식적 싸움의 과정이므로 방법적 전략은 필연이다. 노자 텍스트 81장을 단절된 사유의 파편이 아니라 완결성을 지닌 서사로 플롯을 설정하는 것은 새로운 노자 읽기의 주요한 축을 이룬다. 그 모형을 통해 맥락의 독서가 가능해지고, 그 콘텍스트의 네트워크으로 연결된 내면의 끈이 해석의 실마리를 제공할 수 있다. 노자 81장은 리좀적 구조로 구축된 한편의 서사다. 그 서사의 드라마를 완성하는 두 키워드는 에로스와 정치로 압축된다. 이 키워드를 추출하기 위한 의도와 방법은 첫째, 노자 언어를 시적 은유, 데리다가 문자학이라 지칭한 언어의 이중구속적 프레임 속에서 읽고자 하는 노력을 통해 간취할 수 있으며, 그 노력은 고도의 언어적 자의식과 언어의 본질에 대한 이해를 요구한다. 흔히 문학적 언어라고 국한해서 현대에 쓰이고 있는 잉여, 혹은 결여의 언어에 대한 인식이 그것이다. 노자의 언어를 지배하는 프레임은 침묵, 잉여, 결여로 상징되는 맥락의 공동화다. 뻥 뚫린 공간과 시간의 사건들을 어떻게 맥락화할 것인가. 이 문제가 고도의 언어적 자의식과 역사적 언어에 대한 해석자의 방법적 자각을 함께 요구한다. 둘째, 노자 81장을 하나의 완결된 서사적 텍스트로 해체-재구성하는 작업의 필요성이다. 이 작업을 위해서는 리좀식 독법이 요구되는데, 그 필요를 충족시키기 위해서는 해석자의 특별한 독서 방법이 동원되어야 한다. 기존의 위계식 독서, 시간의 직선적 이해와 내용의 순차를 지양하는, 가설로 설정한 지배소를 중심으로 주체적 독서의 전략을 수행하는 과정이기도 하다. 셋째, 특별한 독서 전략은 노자 81장을 지배하는 정조를 하나의 생명의 흐름 속에서 읽을 때 극대화될 수 있다는 하이퍼시스를 낳는다. 생명의 흐름에 대한 이해를 두텁게 하는 것이 에로스이며, 그것의 일상에 대한 적용이 정치적 키워드이다. 넷째, 그 수용의 결과 노자를 지배하는 키워드를 에로스와 정치로 수렴할 수 있다. 다소 관념적인 것처럼 보이는 이 계기적 추론의 맥락화 과정에서 10장의 지배소는 문제의 지문이 내포하고 있는 의미의 은유라고 거의 단정할 수 있는 근거를 마련하게 되는데, 그것은 이 지문에서 "도를 실천함에 사랑하는 여인의 그것을 다루는 마음과 같이 할 수 있겠는가"라고 해석 가능할 때이다. 그 가능성은 천문개합(天門開闔)을 도(道)의 시작, 혹은 천지지시(天地之始)로, 이와 호응하는 자(雌)를 같은 위계에서 이해해야 해석의 진화가 가능하기 때문이다. 다시 말해 그러므로 천문개합을 읽는 창조적 독법은 하늘의 문을 열고 닫음에 비유되는 여성의 문을 열고 닫음으로 해석의 질적 확산이 일어나야 한다는 점이다. 이런 구체적 비유에 대한 이해 없이 추상적 도의 이해를 강요할 때 해석은 지리멸렬해진다. 하늘의 문을 열고 닫는다는 것을 사랑하는 여인의 그것에 견주는 수사적 레토릭은 에로스의 극치이면서 그 이상의 언어적 생명력을 함유하고 있다. 그것이 가능한 것은 사실 이미 노자 1장과 6장에서 지속적으로 해석의 단서들을 흘리고 있기 때문인데, 가령 중묘지문(衆妙之門)과 현빈(玄牝)이 그것이다. 중묘지문을 이해하는 포인트는 '문'에 있다. 이를 의식하지 못하고 있기 때문에 대부분의 해석 과정에서 이 문을 신묘함의 문이나 만물의 출생과 관계된 것으로 막역하게 얼버무려 해소하는 경우가 대부분이며, 그 결과 맥락적 독서와 방법적 부재를 여하히 엿보게 된다. 정확하게 말해 여기서 '문'은 여성의 생식기, 나아가 생명의 탄생을 주관하는 '곡신'으로 해석의 대체가 가능하다. 그러니까 특히 포태한 여성에 대한 아름다움은 그 자체로 이미 도의 경지로 묘사될 수 있는데, 우리는 6장에서 이 모티브의 반복을 구체적으로 확인하게 된다. 현빈지문(玄牝之門)이 그것으로, 이 지문의 문은 여성의 가장 내밀한 곳, 어두컴컴하고 은밀한 곳을 일컫는다. 그렇다면 에로스를 여성을 키워드로 묘사하는 노자의 사랑관은 근본적으로 언어적 여성성을 바탕으로 하고 있다는 유추까지를 가능하게 한다. 맥락적 독서에서 6장은 "여성의 은밀한 문을 달리 현빈이라 한다. 그것은 모든 생명의 뿌리로, 아무리 사랑하여도 늘 처음과 같다. 즉 에너지가 넘친다. 사랑 자체가 생명 현상이기 때문이다"와 같이 해석 가능하다. 생명의 에너지로서의 에로스는 여기서 거의 도와 동격으로 상승한다. 그런 이해를 위해서는 전제가 필요하고 몇 다른 맥락을 요구하지만, 궁극적으로 여성성을 바탕으로 전개되는 노자의 에로스가 생명 현상 일반으로, 나아가 도를 실천하는 가장 주요한 덕목 중 하나로 평가될 수 있다는 점은 아무리 강조해도 지나치지 않다. 짧은 아포리아로 구성된 6장의 화두는 지금까지의 단편적 해석들에서 놓치고 있는, 그러나 노자 언어의 정수를 관통하는, 사실상 『도덕경』전체를 지배하는 장이라고 해도 과언이 아니다. 생명 현상에 관한 우주적 통찰과 과학적 이해뿐만 아니라 에로스와 생명의 관계에 관한 철학적 비전을 함유하고 있기 때문인데, 이를 55장의 에피소드가 세론적 수준에서 보완하고 있다. 우리는 『향연』에서 아리스토파네스의 신화를 소개한 바 있는데, 그 설화에 대응할 만한 토픽으로 이 텍스트를 비교하거나 대조해볼 수 있다. 55장에 대한 거개의 독해는 중후한 덕의 각론적 사례들 이상도 이하도 아니다. 그러므로 맥락적 독서를 통한 전복적 상상력의 중요성을 해석을 통해 대조해볼 수 있다. 에로스적 상상이 그 모티브가 된다. 중후한 덕에 대해 말하고 있는데, 그것을 에워싸고 있는 질료들, 가령 '적자'(플라톤의 미소년과 비교되는), 독사, 벌, 맹수, 독수리는 모두 강한 에너지를 잉태한 생명체이자, 정력을 상징하는 기호들이다. 이와 더불어 교합, 화지지(和之至)의 메타포는 성애, 부연하면 성교의 구체적 상황을 묘사하는 어휘들이다. 우리는 지금까지 발화된 이 텍스트에 대한 집적들을 전면적으로 부정할 수 있는 맥락을 간취하게 된다. 해석의 차원을 높이기 위해 텍스트를 해체-재구조화하면,

　　㉠ 후덕함은 적자(잠재태로서의 아이, 혹은 에너지가 최고인 생명)에 비유
　　　된다. 가령 벌과 독사의 정력에 버금할 만하고, 맹금의 유연함과
　　　강한 힘에 대적할 만하다. 그 부드러움과 유연함에서 나오는 강
　　　한 정기 때문에, 성교함에 정력의 최고 상태에 도달해, 온종일 괴
　　　상한 소리를 질러도 목이 쉬지 않을 정도로 교합의 절정을 이룬
　　　다. 그 교합의 짝을 찾는 것을 영원함이라 하고 이를 경험하는
　　　것을 날 새는 줄 모른다(궁극에 이르렀다)라고 한다.
　　㉡ 그런데 이를 위해 작위적으로 기를 북돋우려 하면 재앙을 맞는
　　　다. 술수를 부려 기를 북돋는 일을 억지로 하면 결국 뭇 생명들
　　　은 기의 쇠약이 뒤따른다. 즉 도에 순응하지 않으면 서둘러 생명
　　　을 재촉한다.

의 두 조각의 토픽으로 분절 가능한데, 성애의 아름다움을 묘사하는 ㉠ 부분과 이에 대한 반성적 사유를 드러내는 ㉡ 부분으로 대분된다. 거개의 해석은 ㉠과 ㉡을 연속적 맥락으로 읽거나 도와 덕의 관계적 이해를 위한 비유 정도로 끝내는데, 결과는 난삽하거나 추상적이다. 말하자면 노자의 도나 덕이 관념적이거나 추상적이라면 이 토픽의 이해도 그 위계에서 궤를 같이한다는 것이다. 인위적으로 맥락화를 위해 접속사를 첨부하였지만, 그러나 맥락상 ㉠과 ㉡은 전혀 별개의 에피소드라는 것을 상정할 수 있

다. 전자는 주지하듯이 에로스의 어떤 극치에 대한 묘사이며 후자는 에로스의 작위성, 다시 말해 플라톤 식으로 말하면 아리스토파네스의 에로스 담론이 흥미롭기는 하지만 진정한 에로스는 그것을 포괄하면서 초월하는 다른 차원의 것이 있다는 것으로 요약된다. 비약한다면 우리는 후자의 지문을 성찰적 담론이라고 지칭할 수 있다. 면밀하게 이해할 때 전자의 극치는 52장의 '습상(襲常)'으로 수렴되며, 후자의 궁극은 71장으로 맥락화 된다. 맥락적 독서에서 노자의 경우 에로스의 극치는 생명의 근원으로서의 여성성의 상징인 모(母)로 귀결된다. '기관없는 신체'에 비유되는 어떤 잠재태로서의 아이는 그러므로 천하만물의 근원인 모(母)의 생명 현상을 통해 자신의 존재성을 획득한다. 그 아이가 응시하는 것은 '견소(見小)'로, 이 함의가 포괄하고 있는 열림과 닫힘의 사이, 혹은 변증적 운동성을 이해하려는 지혜다. 노자는 그것을 다시 '미명(微明)'이라고 했다. 그 미명이 지닌 잠재태로서의 생명을 읽는 과정을 '용기광(用其光)', 즉 미명의 빛을 통해 그 의미를 깨닫는 것이라고 할 수 있다. 깨달음과 실천은 동시에 일어난다. 그러니까 에로스는 모(母)와 긴밀한 호응관계에 있음을 맥락적 독서를 통해 인지하게 된다. 후자의 경우 플라톤의 디오티마나 소크라테스의 변명과 유사하게 겹치고 있음을 직감할 수 있는데, 그것은 에로스가 단순히 남-남, 여-여, 남-녀추니 등의 교합 이상으로 의미를 확장할 때 삶의 새로운 차원의 질적 확산이 일어난다는 점이다. 그 매개가 반성적 사유라고 할 수 있는 언어에의 욕망이다. 플라톤은 언어에의 욕망이 다른 형태의 에로스의 극치를 연출한다고 주장한다. 그 주장은 그러나 이미 노자가 기획 실천했던 것이다. 55장이 발화하고 있는 두 개의 뚜렷한 서로 다른 목소리는 바로 에로스가 육체의 아름다움을 넘어 그 내면의 단계까지를 포괄해야 완성될 수 있다는, 완전한(불멸의) 사랑에 관한 기획의 로고스다. 그 로고스에 대한 각론이 71장의 무지에 대한 사변으로 재현되고 있다. 그 본질은 반성하는 사유로부터 맹아한다. 그러니까 에로스의 다른 한쪽인 반성적 사유는 에로스의 완성을 위한 생명 활동의 주요한 다른 한 축이 되는 것이다.

로고스를 향한 호소는 그 최종심급에서 언어에 대한 깊이를 요구하게 되어 있다. 우리는 이에 대한 탁월한 인문적(과학적) 응시를 샤르댕을 통하여 간취할 수 있다. 한 때는 가장 충성스러운 예수회 사제였으나 파문을 당했으며, 고향으로부터 추방되어 유랑하는 삶 속에서 말년의 생을 마감한 샤르댕은 고고학과 지질학에서 전무후무한 불후의 업적을 남겼으며, 생물학, 인류학, 과학철학을 포괄하는 발군의 저술을 통해 우주와 지구 생태에 대한 다른 차원의 혜안을 제시한 바 있다. 그 혜안의 핵심인 그의 사랑학은 플라톤의 에로스를 관통하면서 더 나아가 인간의 '반성하는 의식'에 대한 탐구로 수렴된다. 그에 의하면 "반성이란 그 말이 가리키는 대로 우리 자신에게로 돌아가는 의식의 힘"이다. 다시 말해 "우리 자신을 '대상으로' 놓고 자신의 존재와 가치를 헤아리는 능력이다. 그러므로 반성은 단지 아는 게 아니라 자신을 아는 것이요, 그냥 아는 게 아니라 안다는 것을 아는 것"이다. 이는 최초의 인간이 우주와 지구로부터 다른 여타의 존재들과 더불어 진화를 거듭해오는 과정에서 차별화되는 특별한 생명 활동으로 평가된다. 우주와 지구 생명의 첫 출현을 샤르댕은 세포의 혁명으로 개념화하고 있는데, 노자 식으로 비유해 '천지지시'로 표현되는 그 세포 혁명의 밖은 복잡화의 증가와 함께 다양한 생명적 요소들의 서로 닮음이, 혁명의 안(마음)으로는 의식의 증대가 함께 일어난다고 하면서, "얼의 변화에 세포조직이 발견되었다는 것"은 결코 우연이 아님을 증언한다. 다시 말해 "물질의 종합 상태가 증가하면서 그와 함께 의식도 증가하"는데, 이를 조금 더 부연하면 "바깥으로는 새로운 형태의 미립자 집합이 이루어져 다양한 크기의 무한한 물체가 더욱 유연하고 농축된 조직을 형성하"고 "안으로는 새로운 형태의 활동 곧 의식의 움직임이" 나타난다. 이처럼 "분자에서 세포로 옮겨가는 것 곧 생명의 발걸음을 우리는 이중변화로 설명할 수 있"다. 그런데 그런 변화의 결과는 무엇인가? 우리는 그것을 "자연에 발생한 물리학 사실이나 천문학 사실만큼이나 뚜렷하게 읽을 수 있다. 자기에게로 돌아가는 반성하는 존재, 그는 곧 새로운 세계로 뻗어나갈 수 있게 된다. 사실 다른 세상이 탄생한 것이다. 추상화, 논리, 선택, 발명, 수학, 예술, 공간과 시간의 측정, 불안, 사랑의 꿈……. 이 모든 것이 자신을 향해 새로 이룩된 중심의 들끓음 바로 거기서 나오는" 것이다. 부연하자면 우리가 말하는 생명 현상이란 우주와 지구를 싸고 있는 모든 사물들의 "의식의 상승이기 때문에 깊이의 변화없이는 계속 앞으로 나갈 수 없"는 것이다. 사랑이 중요한 것은 그것이 생명 현상의 가장 고귀한 진화의 본질에 가깝기 때문이다. 그래서 "만일 아주 미약하나마 분자에게도 서로 하나가 되려는 욕구가 없었다면 높은 단계인 인간에게서 사랑이 나타나는 것은 물리적으로 불가능하다. 우리에게 사랑이 있다고 하려면 존재하는 것에는 모두 사랑이 있다고 해야 한다. 우리 둘레에서 수렴하며 올라가는 의식들 어디에도 사랑은 빠지지 않는다…… 사랑의 힘으로 세상의 조각들이 모여 세상을 이룬다. 이것은 무슨 비유가 아니다. 시 이상이다. 우주의 샘과 같은 그 힘을 느껴보려면 사물의 안으로 들어가 보면 된다. 거기에는 끌어당기는 얼(의식)이 있기 때문"이다. 다시 말해 "사랑은 우주의 얼이 개체에 수렴될 때 개체 속에 직접 남은 흔적 이상도 이하도 아닌"[7] 것이다. 반성하는 의식은 그러므로 사랑을 절대적 전제로 한다.

노자 정치학의 최종심급은 궁극적으로 '사랑의 원리 속에 구현된 공동체'로서의 '소국과민'을 목표로 한다. 『도덕경』의 지배소를 에로스와 정치(국가)로 주장한 바 있는데, 한걸음 더 나아가 양자는 하나의 원리 속에 이중구속돼 있다. 이중구속은 높은 단계의 언어적 은유를 바탕으로 한다. 그 은유적 언어를 매개하는 것은 사랑이다. 사랑의 언어가 세속적 정치의 한계를 초월하는 힘을 내재하고 있다는 것은 진리다. 우리는 그 보기를 현대

---

7) 『인간현상』

한국의 분단체제를 배경으로 하고 있는 『회색인』에서 발견한다. 최인훈 문학을 대표하는 이 소설은 병영국가 형태로서의 분단체제에 갇힌 '독고준'의 자유와 민주주의에 대한 본질적 질문의 형식으로 구조되어 있다. 짙은 관념과 현실에 발 딛지 못하고 배회하는 지적 유희의 절규처럼 보이는 이 텍스트는 그러나 최인훈 문학의 가장 높은 단계의 리얼리티를 웅변하며, 분단체제 이후의 국가와 삶의 생태를 예리하게 응시하고 있는 것처럼 보인다. 일차적으로 이 소설을 지배하는 관념은 자유와 사랑이다. 박람강기에 가까운 독고준이 "1958년 어느 비가 내리는 가을 저녁"에서 "1959년 어느 비가 내리는 여름 저녁"까지의 서사적 시간을 배경으로 활동하는 이 소설은, 한국 민주주의의 진정한 회복을 위해서는 급진적 혁명을 통해서만 가능하다고 믿는 '김학'과, 김학의 그 주장은 오히려 보다 낮은 생활 차원에서의 사랑으로서만 성취 가능하다고 믿는 독고준의 회색적 진실과 격렬하게 대립한다. 이 땅의 지식인이 보여줄 수 있는 가장 아름다운 의식의 제전으로 평가될 만한 논쟁을 절정으로 이끄는 것은 독고준의 한국 민주주의에 대한 근원적 불가능성을 주장하는 지점에서다. 그가 보기에 한국 민주주의는 태생적으로 불가능성을 안고 있는데, 그 이유는 식민지와 제국주를 운영한 경험이 전무하며, 오히려 일제 식민지를 체험하기까지 한 우리에게 가능한 출구는 나침반과 시계없는 배 같은 정신적 아노미를 전제해야 하기 때문이다. 반면 혁명적 급진주의자 김학에게 한국의 민주주의는 민족주의의 다른 이름이다. "만일 상해 임시정부가 해방 후 초대 내

각이 되었더라면, 사태는 훨씬 좋아졌을 것이다. 그들은 선거 없이 그대로 정권을 인수한다…… 국가는 신화로 시작되는 것이기 때문에 그들은 우선 친일파를 철저히 단죄했을 것이다"에서 보듯 독고준의 현실 인식과 대척점에 서 있다. 이 화해할 수 없는 인식의 차이가 독고준으로 하여금 현실 불가능한 민주주의를 넘어 사랑으로 나아가게 한다. 여러 경로를 거쳐 도달한 독고준의 한국 현실을 향한 응시는 퇴행적이며 개량적인 것처럼 보이는 현실 수용이다. 고독한 단독자로서의 삶은 감내하기 힘든 현실보다 더 큰 불행이다. 이중의 고통이 주어져 있는 것처럼 보인다. 삶의 희열은 그 고통을 응시함으로써 생성된다. 에로스를 향한 열망이 그것이다. 소설에서 독고준을 어떤 삶의 지속으로 이끄는 힘은 사랑이다. 『회색인』과 『서유기』를 연결하는 '이유정'을 향한 그의 열애는 박제된 젊음이 자유의 이름으로 행할 수 있는 가장 아름다운 의식의 도가니라 해도 과언이 아니다. 우리는 그 의식적 열광, 그 열망이 행한 생명의 무한 긍정에 대한 에로스를 어떤 언어로 설명할 수 있을까. 그렇기 때문에 그들의 열애가 막힌 출구를 열기에는 한없이 무력하고 고통스러우며 퇴행적이기까지 하지만, 그럼에도 답답한 현실을 낮게 기어가는 것, 열화와 같은 의식의 도가니에 침잠하는 것을 사랑이 아니라고 부정하기는 어렵다. 독고준이 김학을 보내고 그 길고 고독한 시간을 견디기 위해 이유정의 방문을 열고 들어가고자 했을 때, 그 짧은 시간과 동선에 반비례하여 급속하게 높아지는 의식의 가열성과 번뇌하는 역사적 시간의 파노라마를 상상하는 독자의 마음은, 그의 사랑이 단순한 생의 비루한 연명의 차원을 넘어 '사랑의 원리 속에 구현된 공동체'적 진실을 향하고 있을지 모른다는 희망을 상정하게 된다. 우리는 사랑의 원리 속에 구현된 삶의 공동체를 국가주의의 다른 대안인 마을 꼬뮌으로 그려보아도 좋을 것이다.

에로스와 인문

동시대 몇 인문의 깃발들은 수상하다. '인문적인 것'이란 무엇인가. 노자 담론의 우아함과 심오함은 퇴행적 언어의 집적이었다는 면에서 명백히 반인문적이다. 『도덕경』에 대해 쏟아진 주석들은 공허하거나 관행의 어법 안에 있는 것처럼 보인다. 그러니까 그 어법들의 발화가 오늘의 세계와 마주칠 때 나는 소리는 전혀 이질적이거나 생소하거나, 관성적이거나 퇴행적이다. 왜 관행의 어법은 강한 관성에 집착하는가. 노자의 지문을 시적 메타포로 읽든, 정치적 그것으로 해석하든 응시해야 하는 것은 오늘-여기의 우리 삶에 대한 긴장이다. 그 긴장의 탄력이 왜 문제적일 수밖에 없는 것일까. 단순하게 보더라도 그것은 노자의 언어가 에로스의 그것이자 생명의 언어이며 역동적 에너지를 함유한 정치적 언어이기 때문이라는 생각을 지울 수 없다. 그렇다는 의미에서 현단계 우리는 분단체제의 끝을 향해 서 있는 '늑대인간'일 가능성을 배제하기 힘들다. 괴물에 가까운 그 인간은 '짐승과 인간, 퓌시스와 노모스, 배제와 포함 사이의 비식별역', 역설적이게도 두 세계 어디에도 속하지 않으면서 그 두 세계 모두에 걸쳐있는 늑대인간의, 인간도 아니고 짐승도 아닌 어떤 영역이다. 그렇기 때문에 그 삶은 밝음과 어둠, 성취와 좌절, 과거와 현재, 분단과 통일, 불안과 희망을 함께 감싸고 있는 고통스런 것이며, 그만큼 예측하기 어려운 삶이다. 그 시대를 우리는 '통일이행기'라고 명명할 수 있다. 통일이행기의 삶에 노자의 언어가 특별히 주목되는 것은 그의 정치적 어법과 관계한다. 노자의 정치적 어법을 복원할 필요가 있다. 미시적으로 좁혀서 분단체제하의 정치와 국가에 대한 질문이 필요하다. 분단은 남북 정치 담당층의 권력의 지형화를 고착화하는 데 일정 정도 기여했다. 그 결과 각각의 정치 담당층들은 적대적 공존이라는 '특수'를 통해 민중의 정치적 억압과 경제적 착취를 일정하게 향유하는 특수를 누릴 수 있었다. 국가의 사유화가 거의 제재없이 수행될 수 있었고, 대자본—권력의 커넥션은 그 특수를 만끽했으며, 견고한 콘크리트 벽의 지속가능성을 확인했다. 어떻게 저항할 것인가. 노자의 정치적 어법이 유효하긴 한 것인가. 겸허하게 돌아보면 인간됨이 정치와 별개의 것은 아니다. 노자의 정치는 공자와의 단순비교로 보면 수세적이고 퇴행적이며 무능하다. 기회주의로 흐를 가능성까지 내재한 것이다. 그러니 그 숱한 텍스트를 지배하는 정치적 담론의 진실을 복원하거나 혁명적으로 해석한다고 하더라도 이미 굳어진 것처럼 보이는 편견의 실체를 벗어나기는 쉽지 않다. 그럼에도 우리는 권력, 나아가 힘의 진정성을 전면적으로 재해석해볼 수 있는 미세한 틈을 주목하지 않을 수 없는데, 그 틈은 아직 건드리지 않은 영역이다. 틈으로 난 미명의 빛, 그 빛의 에너지를 사랑(에로스)이라고 명명할 수 있다면 노자의 언어는 다르게 읽힐 수 있을까. 삶이 곧 죽음인 짐승의 시대를 넘어서는 단 하나의 기획이 가능하다면 우리는 주저없이 사랑이라고 말할 수 있을지 모른다. 노자는 그것을 응시했다. 사랑은 모든 것을 녹인다('모든 단단한 것은 공기 속에 녹아 사라진다'는 맑스의 명제). 도덕경을 관통하는 지배소는 약함, 어둠, 되돌아감, 비움, 통나무, 여성, 물로 비유되는 여성성과 생명, 평화와 자애로 압축되는 사랑이다. 이 사랑의 힘이 강한 군대를 이기고 극악무도한 정치적 논쟁을 화(和)로 전환하고 짐승의 일상을 인간됨을 향한 생성의 에너지로 이끄는 잠재성이다. 노자의 정치가 사랑의 정치인 이유이다. 노자의 정치는 보이지 않는 정치이다. 사랑을 말하지 않고 사랑을 향해 나아가는 은유의 사랑인 것이다. 그 사랑이 높은 단계의 정치임을 노자는 간파한다. 문제는 바로 이 지점에서 일어난다. 그것이 사랑의 정치라면 어떤 사랑의 정치인지를 인식하기 위해 노자와 정면으로 만나야 하는 분기점에서 우리는 당황하지 않을 수 없다. 바로 언어 때문이다. 대체로 지금까지 노자의 언어는 문서 더미에 빠져 허우적거릴 만큼 무수한 주석이 가해져왔음에도 불구하고 여전히 그 끝을 헤아리기 어려운 것은 이 텍스트가 지닌 본질적 의미에서의 언어의 잉여성, 혹은 불립문자의 수준에서 진행되는 수사학에 대한 전제를 배제, 간과한 경우가 비일비재한 결과, 근본적인 텍스트 응시의 전환이 일어나지 않았을지도 모른다는 의심이다. 새롭다 해도 결국 노자 시대의 언어에 갇히거나, 음풍농월에 가까운 과거의 재구조화에서 벗어나지 못하는 것처럼 보이는 그 문제의 발본적 원인은 언어에 대한 인식의 한계로부터 기인한다. 인식론적 단절은 어떻게 가능한가. 들뢰즈가 하나의 힌트를 준다. '탈주로(선)'를 확보하고 코뿔소처럼 질주하는 것, 대자본과 함께 국가주의 이데올로기로부터 이탈할 수 있는 힘, 가령, 그렇기 때문에 북한 인민들을 예로 든다면 그들의 유일한 생명선(도주로)은 국경을 넘어 도주하는 일이라는 것을 직감할 수 있다. 도주가 생명의 유일한 빛인 것은 그것이 그의 전생애와의 인식론적 단절을 감행하는 전무후무한 혁명의 작업이기 때문이다. 남한이 그러나 상대적으로 행복하다고 단정할 수는 없다. 그러니까 그 도주가 남한행이 될 수 없다는 뜻이다(탈북자 대부분 남한으로 와 '새터민'으로 살아가지만, 그것이 북한보다 행복하다고 단언할 수 없는 것은 그것이 진정한 탈주가 아니었거나 탈주의 이행이 완성되지 않았기 때문이다). 이 인식의 유추 과정에 시적 상상력, 시적 언어의 회복이 요구되는 이유이다. 우리는 노자의 언어를 문학적 언어의 수준에서 읽을 수 있는 힘의 필요성(엔트로피)을 요구한다. 그것은 무엇보다 명증한 하나의 문제를 해소할 수 있다. 『도덕경』을 관통하는 지배소가 고도의 비의적 언어로 구축된 정치라는 점이다. 그 정치는 구체적으로 주를 거쳐 춘추시대의 정치를 배경으로 하지만 그것을 이월하는 보편성을 내재하고 있다. 우리는 이 시대를 통해 무엇이 좋은 정치, 삶의 과정으로서의 정치, 생명을 살리는 차원의 정치인가를, 무엇이 긴박하고 간절한 시대정신인가를 연역해볼 수 있다. 그 매개가 수사적 진리의 차원에서 화행(話行)되고 있는 시적 언어다. 말하자면 노자의 정치는 시적 언어의 회복, 시적 에피스테메의 복원에 있다고 해도 과언이 아니다. 그것이 노자의 사랑의 최종심급이고 그의 정치의 그것이다. 에로스를 생명 현상의 기초이자 본질로 이해한다는 면에서 플라톤의 언어는 노자와 나란히 호흡한다. 세계의 모든 사물을 끌어당기는 에너지를 함유하고 있다는 점에서 또한 그 호흡은 거칠고 역동적이다. 아름답고 훌륭한 것을 갈망하는 삶을 가능하게 하는 힘은 바로 그 에너지로부터 기인하는 것이다. 끌어당기는 원천으로서의 에로스는 그러나 거기에 머무르지 않고 질적 확산과 진화를 향한 인간의 열망을 극대화한다. 만남이나 성교의 의미를 내포하고 있는 고대 그리스어 syunousia가 은유하고 있는 최고의 기대 지평은 아름다운 삶에 대한 갈망을 가능하게 하는 지적 향유이다. 그 지적 향유를 위한 제도적 장치와 궁극적으로 인간됨을 위한 지적 훈련의 목록을 플라톤은 『국가』와 『법률』에 온축해 놓고 있지만, 그 뿌리는 에로스로서의 『향연』에 있는 것처럼 보인다. 이 놀라운 통찰을 기원전에 이미 플라톤과 노자는 시대정신의 지배소로 간파했다. 다시 한 번 강조하면 그 중심에 언어가 있다. 욕망하는 언어, 향유의 언어가 생명을 지속하게 한다. 언어가 곧 에로스인 것이다. 그러니까 에로스가 인문적인 것의 중심을 관통하는 이유가 된다.

언어에 대한 자의식이 인문적인 것의 출발점이다. 이에 화답하듯 에드워드 사이드는 "인문주의는 우리가 이미 알고 느끼는 것을 다시 확인해 공고히 하는 방식이 아니라, 역사 속 언어의 산물들과 다른 언어와 다른 역사를 이해하고 재해석하고 또 고심

하기 위해 한 사람의 능력을 언어에 헌신하는" 것 이외에 아무것도 아니라고 말한다. 사이드에게 인문은 살아가는 기술(art)이자, 숭고한 밥이고, 미래를 향한 꿈이기까지 하다. 화석화된 대학의 인문, 인문학, 인문주의가 아니라 시장의 언어로 집적한 로고스의 향연인 것이다. 에로스의 질적 확산과 승화로서의 로고스, 즉 이성의 기능의 최종심급을 '더 나은 삶'이라고 상정할 때, 그것은 단순히 물리적 조건만으로는 설명 불가능한 그 이상의 심미적 충동이 있다. 그 심미적 충동은 우리가 경험한 모든 가능한 실재와 잠재태를 왕복·운동하는 내면의 변화 에너지와 관계한다. 우리의 특별한 경험 속에서 우리는 이 로고스와 그 사유의 상상을 발견할 수도 있다. 그것이 특별하거나 발견 가능한 잠재성을 지닌 이유는 그 에너지가 모호하여(vague) 빛과 어둠 사이를(dim) 가로지르는 변화의 운동(vacillating) 선상에 있기 때문이다. 이것이 생명의 본질이다. 이 연장선상에서 "이성의 기능은 삶의 기술을 증진"시키는 데 있다고 설파한 화이트헤드의 목소리를 관통하는 지배소 역시 단연 로고스다. 그 로고스의 끈이 플라톤에게까지 닿아 있음을 본다. 우리는 에로스에서 애지를 거쳐 어떤 영원불멸을 향해 있는 플라톤의 로고스에 대한 순환론적 사유와 심미적 거리를 상상해볼 수 있다. 그 상상은 '중묘지문→현묘(미명)→생이불유'의 노자적 사유 혹은 심미적 거리를 겹쳐서 공상하는 과정을 통해 에로스가 내포한 생명 현상과 그것으로 발현되는 언어의 공감 영역과 비교된다. 그 언어의 상상을 우리는 마침내 '대문자 문학'(literacy)이라 불러도 좋을 것이다. 언어는 인간이 인간이기를 고집할 수 있는 거의 유일한 도구이자 목적이다. 에로스가 언어를 태어나게 했다고 노자는 비유하지만, 더 정확하게는 언어가 에로스를 가능하게 했다. 인간은 상상 속에서 사랑하고, 상상 속에서 욕망하며, 상상 속에서 꿈꾼다. 꿈꾸는 한 생명은 지속된다. 플라톤은 이 과정의 은유를 희미하게 감지하고 있었다. 그가 에로스로부터 그것을 초월하는 애지의 세계, 그러니까 영원불멸의 서사적 세계를 기획하고 실천했던 이유이다. 삶의 기술을 증진하는 매개가 이성이라는 것을 직시한 화이트헤드의 사유는 그러므로 플라톤적이다. 우리는 여기서 로고스를 조금 더 확장해야 할 필요가 있을지 모른다. 아리스토파네스의 에로스론이 반이성적이라고 단정하기 어렵다는 것을 감각해야 한다는 뜻이다. 말하자면 생물학적 진리와 이성적 진리의 이분법적 이해를 넘어서는 진리를 우리는 노자의 사유로부터 발견한다. 그것은 언어를 버리는 것이 아니라 언어의 본질에 다가가고자 하는 노력이다.

노자의 언어는 도저한 시적 은유로 넘친다. 그 언어의 그라마톨로지가 노자를 살아있는 포스트근대의 에너지로 환생하게 한다. 그러니까 높은 단계의 언어적 응시를 우리는 마침내 인문적인 것의 학이라 부를 수 있다. 인문이란 언어를 통해 이루어지는 어떤 것이다. 인문학은 그러므로 언어를 통해 이루어지는 어떤 학문이다. 그 학문의 중심에 문학이 있는 이유이다. 그러니까 언어가 욕망하고 언어가 사랑한다. '무의식은 언어처럼 구조지어져 있다'라는 아포리아를 통해 라깡의 은유를 엿보는 것은 어떤 현

기증이다. '정신분석학의 네 가지 근본개념'이라는 부제를 달고 있는 『세미나 11』을 관통하는 단 하나의 어휘는 '파문'이다. 그것은, 아테네의 소피스트들에 맞서 그의 언어에 환호하던 동료와 제자들에게(플라톤도 그들 중 하나였다) 새로운 변론술을 열정적으로 설파하는 소크라테스를 연상시키는, 격렬하고 열광적인 것이었다. 그 열광이 파리정신분석학회(SPP)로부터 프랑스정신분석학회(SFP)로의 전회를 낳았다. 그에게 파문은 '대파문'(혁명)이었던 셈이다. 그 파문의 정점에 아마도 '세미나11'이 있을 터이다. '세미나11'을 다른 그것들과 현저하게 변별하는 단 하나의 키워드는 "무의식도 의식의 수준만큼이나 정교한 방식으로 말하고 기능한다"는[8] 것의 과학적 지위를 획득하는 문제에 관한 것이다. 언어가 과학이라면 그 과학은 근대적 의미의 자연과학을 포괄하면서 그것을 넘어서는 어떤 것이다. 이 미묘한 수준에서의 언어의 이해는 그러므로 흡사 노자와 플라톤의 에로스를 연상시킨다. 그가 "헛디딤, 실패, 균열, 말해진 문장이든 쓰인 문장이든 그 속에서 무언가가 발을 헛디디게 되"고 "프로이트는 이러한 현상들에 이끌려 바로 그곳에서 무의식을 찾"을 수밖에 없었다는 발언이나, 그것은 근본적으로 "어떤 기이한 시간을 갖고 있"을 것이라는 진술 이면에는 "주체의 절단(단절)이 프로이트가 욕망—우리는 잠정적으로 이 욕망을 문제의 담화 속에서 주체로 하여금 예상치 못한 지점에서

---

8) 『자크 라캉 세미나』 11, 44쪽.

스스로를 포착하게 만드는 발가벗은(훤히 드러난) 환유 속에서 위치시킬 수 있을 겁니다—과 동일한 것이라 생각했던 어떤 발견(물)이 불쑥 다시 튀어오르는 지점이라면, 무의식은 항상 바로 이러한 주체의 절단(단절) 속에서 동요하는 무엇으로서 모습을 드러"낸다는(『세미나11』, 48쪽) 고도의 언어적 편집(증)이 있다. 우리는 그것의 궁극을 '무의식은 언어처럼~'을 사유의 극한까지 밀어 올려 '무의식은 언어다'라는 은유에 도달하는 과정으로 설명할 수 있다. 그것은 격렬한 의식적 싸움의 형식이자 과정이다. 이 과정이 높은 단계의 에로스를 잉태하거나 향유하는 생명 활동의 잠재태일 것이라는 추측은 행복하다. 언어가 서사적 행위로 전개되는 과정에 인간의 무의식적 욕망이 작동하는 것은 진리다. 서구 소설의 구조에 드러난 삼각형의 도식을 통해 이 함수관계를 추론한 르네 지라르의 가설은 라깡의 그것과 긴밀한 호흡 아래 있다. 1961년 그가 존스홉킨스 대학에서 주도한 '비평언어와 인문학' 심포지엄에 데리다와 함께 라깡이 참여한 것은 의미심장하다. 텍스트를 다루는 시각과 방법에서 약간의 차이를 노출하긴 하지만, 지라르는 실존적 여러 형태의 욕망은 인간이 지닌 모방욕구가 발현된 한 양태이며, 그 모방욕구는 서구 소설구조 속에 공통으로 드러난 삼각형의 욕망을 통해 발현되고 있는데, 그 욕망은 중개자 즉 매개된 욕망이라는 것, 그렇기 때문에 매개자의 욕망은 예외없이 타인이 되고자 하는 욕망이라는 흥미로운 명제를 제시하고 있는데, 그 타자적 욕망이 바로 라깡이 말하고 있는 '대상a'로[9] 환원가능하다. 라깡은 그의 유명한 주체론에서 유년기 실존의 사회화 과정을 '부성은유'를 통해 묘파한 바 있다. 데카르트의 코기토를 창조적으로 패러디하는 과정에서 그는 "나는 존재하지 않는 곳에서 생각하고, 따라서 생각하지 않는 곳에서 존재한다"는 주장을 펌으로써, 분열된 주체(분할된 주체, 빗금쳐진 주체)의 모습을 역설적으로 그려나간다. 거칠게 말해 그에게 주체는 언어의 질서에 편입되는 한에서만 의미를 획득할 수 있다. 그렇기 때문에 그 주체는 근본적으로 분열된 주체, 욕망하는 주체, 불안을 잉태한 주체이다. 더나아가 그 주체는 타자성의 두 가지 형태—타자로서의 자아와 타자의 담화로서의 무의식—사이의 분열에 다르지 않다. 리비도의 한 형태로서의 욕망과 그 욕망의 외화된 기표를 통해 우리는 그것이 타자적 욕망과 다른 것이 아니라는 것을 감지하게 된다. 그 과정이 타자적 욕망으로서의 '대상a'가 타인의 실존에 대한 의식의 이면으로서의 응시regard imaginé와 만나게 되는 지점이라고 할 수 있다. 여기서 상상력은 극대화된다. 리비도적 에너지로서의 욕망하는 언어가 그것을 극대화하는 잠재태로 작동하며, 가령 그 예를 잘 보여주고 있는 사르트르의 『존재와 무』는 응시를 타인의 실존에서 작동시키고 있는데, 그것은 "내가 보고 있는 응시regard vu가 아니라, 내가 타자의 장에서 상상해낸 응시"이다. 텍스트에서 그것은 보는 것과 관계없이 "사냥 도중 갑자기 들려오는 나뭇잎 소리"나 "복도에서 들려오는 발자국 소리"와 같은 청각적

---

9) 『라캉의 주체』, 160쪽.

자질로 묘사되고 있다. 그런 소리가 들려오는 때는 "그가 열쇠 구멍을 통해 [방 안을] 응시하다가 들켰을 때"다. 그렇기 때문에 "응시는 관음증자인 그를 불시에 기습해 당황케 하며 동요시키고 수치심에 빠뜨린"다.[10] 우리는 이 비약적인 언어의 갱신을 인문적인 것이라고 말할 수 있을 것이다. 인문적인 것이란 그런 점에서 노자가 모든 개념화된 진리를 부정하는 언어의 잉여나 결여의 상태, 혹은 미명이라고 말한 잠재태의 어떤 것과 관계한다. 혹은 그런 카오스적 상태를 라깡은 "열쇠구멍을 통해 방안을 응시했다가 들켰을 때"의 상황, "불시에 기습해 당황케 하며 동요시키고 수치심에 빠뜨리"는 그것으로 점묘한다.

다시 말해 인문, 혹은 인문적인 것이란 언어를 통해 이뤄지는 시대와의 교감이다. 언어적 자의식이 강력하게 요구되는 이유인 것이다. 현단계 이 땅에 횡행하는 인문에 관한 발화들이 수상한 것은 췌언을 요하지 않는다. 하나의 적절한 예가 가능하다. 우리가 익히 알고 있는 『장미의 이름』(움베르토 에코)은 명백히 반인문적이다. 에코는 특별히 이 책을 위해 긴 발문을 작성하는 수고를 감행하고, 더하여 "당연히, 이것은 수기(手記)"라고 특별히 강한 엑센트를 가하고 있음에도 불구하고 그 수기에 대한 회의는 이 책을 읽는 내내 따라다닌다. 그 불편함은 그가 한 때 급진적인 『일 마니페스토』에 데달루스라는 필명으로 기고하기도 했다는

---

10) 『자크 라캉 세미나』 11, 133쪽.

일말의 의미 부여로도 해소되지 않으며, 전 세계 40여 개국에서 약 2000만 부 이상이 팔렸다는 흥행으로도 해소되지 않는다. 그렇다면 그 이유가 무엇일까. 이 소설을 혹은 영화를 지배하는 정조는 지나간 시대와 문화를 수집하고 기워서 흥미롭고 호기심어린 눈으로 동시대의 독자들에게 유혹하거나 '힐링'하도록 하는 것이다. 이야기는 쾌락과 호기심의 이름으로 소비되고 그 호응만큼 윤색된다. 그 소비와 윤색은 언어에 대한 어떤 고통과 연민도, 지금-여기의 삶과 그 인간을 둘러싼 세계에 대한 긴장도 질문하고 있지 않다. 무엇보다 이 책은 잠재적 사랑의 근본적인 결여를 안고 있다. 이 저작의 무지막지한 정보에 관한 탐욕과 아기자기한 대중적 호응(추리 기법)은 언어가 인문이 되기 위한 고통과 연민을 힐난하기까지 한다.

인문은 시대의 중심에서 신음하고 고통하며 그 고통과의 전면적인 싸움을 통하여 오늘의 삶과 과거의 그것을 역사적으로 통찰함으로써 조금 더 나은 미래의 삶으로 이동하려는 인간의 진정성있는 의식적 노력과 관계한다. 그런 의미에서 인문의 언어는 싸움의 언어다. 인문적 형식은 싸움 속에서만 생명을 획득한다. 인문적인 것은 그 싸움의 현재 속에서만 자신의 지위를 할당받는 언어이다. 바로 그것 때문에 그 언어가 에로스를 씨앗으로 하는 이유이다. 사랑의 싸움, 사랑의 기술(art), 사랑의 정치가 인문적인 것의 학을 매개하는 진리이다.

■ 참고문헌

金學主, 『老子』, 明文堂, 1977

盧台俊, 『道德經』, 弘新文化社, 1976

朴世堂, 『道德經 註解』, 太學社, 1979

王弼, 『老子注』四庫全書, 臺北, 商務印書館

王弼 / 임채우, 『老子註』, 한길사, 2005

오강남, 『道德經』, 玄岩社, 1995

禹玄民, 『老子』, 博英社, 1981

黃秉國, 『老子 道德經』, 凡友社, 1988

焦竑, 『老子翼』, 臺北, 廣文書局, 1982

河上公, 『老子道德經河上公章句』, 北京, 中華書局, 1993

롤랑 바르트 / 김희영, 『사랑의 단상』, 문학과지성사, 1991

부르스 핑크 / 이성민, 『라캉의 주체』, b, 2010

양석원, 『에로스의 두 얼굴』, 한국라깡과현대정신분석학회, 2015

엘빈 슈뢰딩거 / 서인석 외, 『생명이란 무엇인가』, 한울, 1992

자크 데리다 / 김성도, 『그라마톨로지』, 민음사, 2010

자크-알랭밀레 / 맹정현·이수련, 『자크 라캉 세미나』 11, 새물결, 2008

장회익, 『삶과 온생명』, 솔, 1998

전명산, 『국가에서 마을로』, 갈무리, 2012

조르조 아감벤 / 박진우, 『호모 사케르』, 새물결, 2008

질 들뢰즈·펠릭스 가타리 / 김재인, 『천개의 고원』, 새물결, 2001

질 들뢰즈·펠릭스 가타리 / 조한경, 『소수집단의 문학을 위하여』, 문학과지성
    사, 2015

崔濟愚, 『東經大全』, 癸未仲夏慶州開刊(影印)

테야르 드 샤르댕 / 양명수, 『인간현상』, 한길사, 1997

플라톤 / 강철웅, 『향연』, 이제이북스, 2010

P. A. 크로포트킨 / 김영범, 『상호부조론』, 르네상스, 2005

허버트 마르쿠제 / 김인환, 『에로스와 문명』, 나남, 2004

Donald P Spence, *Narrative truth and Historical truth*, New york, W. W. Norton, 1987

Gregory Bateson, *Steps to an ecology of mind*, Chicago, Univ of Chicago Press, 2000

■ 찾아보기

ㄱ

가이아 47, 210
가이아 가설(Gaia theory) 47
가족이데올로기 7, 75
간디 33, 34, 35, 36, 105, 106, 108, 109
게마인샤프트 44, 71, 200
격몽요결 51, 166
계식의 정치 172, 173
과정의 정치 64, 151, 164
관료적 자본주의 141
군대 해산 35, 105
군산복합체 35, 105, 108
그라마톨로지 5
기관없는 신체 84, 221
꼬뮌 5, 11, 29, 31, 34, 64, 69, 71, 95,
    164, 199, 227
꼬뮌적 공동체 64

ㄴ

남녀추니 211, 221
내 안의 혁명 6, 68, 85
노자의 미학 139
노자의 수사학 57
노자익 111
늑대인간 227

ㄷ

대립쌍 10, 30, 38, 88, 97, 183
대문자 문학 232
대상a 235, 236
대지의 신 47
댓구법 97
데리다 5, 216, 235
도의 자연설 95
도주 203, 230,
동경대전 44, 84
동학 44, 85, 86
되기 57, 84
들뢰즈 5, 7, 10, 11, 26, 33, 73, 75, 84,
    88, 118, 229
디오티마 212, 213, 214, 221
디지털 노마드 39, 199

ㄹ

로고스 222, 232, 233
롤랑 바르트 208
리좀 10, 12, 14, 164, 216, 217

ㅁ

마을공화국 34, 36, 106
막스 베버 78
만물평등론 99
모심 44, 85
목수 188
묘령의 여인 38, 53, 54, 163, 214
무극 27, 110, 127
무목적의 합목적성 57
무분별지 118
무위의 덕성 91
문자학 216

문자화된 구술성 200
문화혁명 199
물의 자연설 95
물자체 42
미륵하생경 67

ㅂ

반성하는 의식 183
병영국가주의 35, 64, 85, 191, 193, 195,
    201
보생명co-life 71, 133
보이지 않는 손 78
부성은유 235-236
분단 편익 129
분단체제 5, 11, 27, 31, 34, 64, 85, 105,
    129, 164, 224, 225, 227, 228
분열된 주체 236
불립문자 14, 203, 204, 215, 229
불연기연 84

ㅅ

삶의 영구혁명 199
상징자본 75
상호부조론 30, 71
생활민주주의 64
성스러운 예수 75
세미나11 233, 234
소크라테스 208, 211, 212, 221, 234
스펜스 214
시장의 성화 90

ㅇ

에드워드 사이드 231
엔트로피 71, 133, 230

움베르트 에코 237
유식론 118
일상의 파시즘 142
일상의 혁명 195

ㅈ

자끄 라깡 203, 215, 233
자연의 정치 71, 103
자유 인도를 위한 간디의 헌법안 34, 35
자유로운 유희 137
잠재성 11, 12, 26, 83, 84, 118, 147,
    229, 232
『장마』 27
『장미의 이름』 237
전쟁기계 108
정치의 붕괴 61
중용의 정치 101
질료의 흐름 6
집합적 지성 201

ㅊ

차연 5
초횡 6
최인훈 225
취미 판단 136, 137, 138
『취우』 90
치안 207

ㅋ

칸트 57, 136, 137, 138, 139
칸트 미학 57, 139
코라khora 27, 38
크로포트킨 30, 71
클로드 레비스트로스 200

ㅌ

테야르 드 샤르댕 44, 181, 222

통일이행기 5, 8, 11, 228

『티마이우스』 27

『판단력 비판』 136

판차야트 34

포태의 원리 149

프로이트 7, 9, 214, 234

『프로테스탄티즘의 윤리와 자본주의 정
　신』 78

플라톤 10, 11, 27, 47, 63, 95, 155,
　208, 209, 211, 214, 215, 218, 221,
　222, 231, 232, 233, 234

『필경사 바틀비』 59, 75

ㅎ

허먼 멜빌 59

협의체 민주주의 34

화이트헤드
　232, 233

『회색인』 224, 226

syunousia 213, 231

노자(老子)

『史記』(司馬遷)「老莊申韓列傳」에 "老子는 초(楚)나라 고현(苦縣), 여향(厲鄉), 곡인리(曲仁里) 사람이다. 성은 이(李) 씨이고, 자는 백양(伯陽), 시(諡)를 담(聃)이라 하였으며, 주(周)나라 왕실 서적을 관리하는 수장실(守藏室)의 사(史)라는 벼슬을 지냈다. 공자가 주나라로 가서 노자에게 예를 물으려 하였는데, 노자는 그대는 교기(驕氣), 다욕(多欲), 태색(態色)과 음지(淫志)를 버리라고 꾸짖었다. 후일 주나라 왕실이 쇠하자 노자는 서쪽으로 떠나려 하였으나, 관(關)의 영윤(令尹) 희(喜)라는 사람의 간절한 청을 받아들여 부득이 도와 덕으로 함축되는 오천여언(五千餘言 ; 약 5200자) 상·하편을 합해 총 81장의 아포리아를 지어 놓고 떠났다"고 기록하고 있다. 노자의 출생은 대체로 BC 580~500년 사이로 추정하고 있으나(570년간 사이로 좁혀 보는 견해도 있음) 모두 확실하지 않다.

주지하듯이 『道德經』은 여러 잡다한 판본이 전해지고 있으나, 지금까지 가장 널리 보급된 것은 진(晉)의 왕필(王弼)이 주석한 『老子道德經』과 한대(漢)의 하상공(河上公)이 주석한 『道德眞經』이다. 특별히 전자의 주석에서 주목을 요하는 것은 그의 현란한 언어적 기예에 버금할 만한 시적 아포리아이다. 그 압축된 언술이 지향하는 것은 그의 자유분방한 개성과 정확하게 튜닝하고 있는 듯한 시적 언어의 획득이다. 그 언어의 압축은 유명한 「老子旨略(혹은 老子微旨例略)」을 통해 구현된다. 여기서 그는 노자사상의 핵심을 '근본을 높이고 말단을 줄이는 것'이라고 주장하면서, 유(有)와 무(無)의 대립쌍을 통해 궁극적으로 무로 수렴되는 귀무론(歸無論)으로 요약한다. 그 역설의 언어가 주석을 통해 강조되고 있는 에로스로서의 미적 진경, 나아가 시적 은유와 비견될 수 있다.